56,–
7/09

Ulrich Schaffer
Chancen der Offenheit

Ulrich Schaffer

Chancen der Offenheit

Briefe, die befreien

Edition Schaffer im Kreuz Verlag

CIP-Titelaufnahme der Deutschen Bibliothek

Schaffer, Ulrich:
Chancen der Offenheit: Briefe, die befreien / Ulrich Schaffer.
– 1. Aufl. – Stuttgart: Ed. Schaffer im Kreuz-Verl., 1990
ISBN 3-7831-1021-1

1. Auflage
Kreuz Verlag Stuttgart 1990
Umschlaggestaltung: Jürgen Reichert, Kornwestheim
unter Verwendung einer Seidenmalerei
von Heidi Huggenberger, Zürich
Gesamtherstellung: Wilhelm Röck, Weinsberg
ISBN 3 7831 1021 1

Inhalt

Briefe, die befreien

Not-wendige Briefe. Wir leben alle in Beziehungen, die wir manchmal nur zum Teil verstehen. Wir leiden in ihnen, sind glücklich, wachsen, werden verbogen und reifen. Wir beobachten, wie sich andere verändern, wie sie verzweifeln, wie sie einander glücklich machen, wie sie Probleme lösen. Vieles davon nehmen wir tief in uns auf, anderes berührt uns nur oberflächlich. Manchmal finden wir Worte für unser Erleben und Menschen, mit denen wir es besprechen können. Anderes passiert an uns, und wir finden keine Worte, um es zu beschreiben. Oder wir haben die Worte, aber uns fehlt der Mut, sie denen zu sagen, an denen wir leiden. Für manche wird Schmerz und Leid zu dem allgegenwärtigen Hintergrund, vor dem sich ihr Leben abspielt.

Diese Briefe sind Versuche, der stillen, unartikulierten Not ein Gesicht zu geben, Worte zu finden für das, was unser Leben belastet und zerstört. Für die meisten Menschen sind Beziehungen das Zentralste ihres Lebens. Wenn sie sich geliebt oder verstanden fühlen, können sie das Leben bewältigen, auch wenn vieles um sie herum ihnen Not bereitet. Wenn sie sich aber vernachlässigt vorkommen, wenn sie gemieden und ignoriert werden, wenn Beziehungen zu Gefängnissen werden, dann gelten auch die schönsten Erfolge sonst im Leben nur sehr wenig. Darum sind die meisten Menschen so wie ihre Beziehungen. Wenn wir unsere Beziehungen klären, helfen wir uns selbst zu leben.

Es gibt Beziehungen, die kompliziert sind, weil sie auf vielen Ebenen ablaufen. Vielleicht sind sie eine Mischung aus Liebe, Macht, Bevormundung, Zuwendung, Pflicht und Angst. Dann mag es schwer sein, die Regungen der Beteiligten zu verstehen und ihnen die zutreffenden Motive zuzuordnen. Je weniger wir unsere Beziehungen verstehen, desto mehr sind wir ihnen ausgeliefert. Wenn wir sie nicht durchschauen, können sie uns zerstören. Sie können uns den Lebensmut und die Schaffensenergie nehmen. Sie können uns menschenfeindlich und zynisch machen oder in eine Dumpfheit stürzen, aus der wir nicht herausfinden. Und doch schaffen wir es oft nicht, uns durch ein offenes Wort Klarheit zu verschaffen, uns zu befreien von den Fesseln, die uns eine Beziehung angelegt hat. Wir werden nicht aktiv, wir nehmen unser Schicksal nicht in die Hand. Wir lassen uns leben.

Es gibt auch die andere Situation. Vielleicht hat ein Mensch es sehr nötig, von einem anderen eine Entschuldigung zu hören, ein Wort der Versöhnung oder Erklärung, aber diese Worte mögen nicht kommen. So kann ein Mensch sein ganzes Leben verwarten auf die Sympathie eines abwesenden Vaters, auf die Einsicht einer verschlossenen Mutter, auf das Gehörtwerden durch eine Freundin oder auf die Zuwendung durch den Ehepartner. Das Erwünschte bleibt aus. Lassen wir uns dann unser ganzes Leben blockieren, oder suchen wir nach einem anderen Weg, ein erfülltes Leben zu führen? Gelingt es uns, die Not zu wenden, oder gehen wir in der Not unter?

Hier setzen diese Briefe ein. Sie formulieren vielleicht das, was wir formulieren möchten, um uns frei zu machen. Aber wir trauen uns nicht, weil wir Angst haben oder nicht gegen ungeschriebene Regeln verstoßen wollen. Oder vielleicht sagen uns die Briefe das, was wir so nötig von einem Menschen hören müßten, um wieder frei atmen zu können; das, wonach wir uns sehnen, weil es uns wieder den Raum zum Leben geben würde. Diese Briefe können nur ein Ersatz für das sein, was im Leben vielleicht nie geschehen wird, aber vielleicht können sie auch ein Ansporn sein, daß wir das, was wir uns so sehnlichst wünschen, zu einer Realität in unserem Leben zu machen versuchen.

Briefe sind manchmal unsere einzige Möglichkeit, dem anderen etwas ohne Unterbrechung zu sagen. Wir können unsere ganze Persönlichkeit in einen Brief hineinlegen, können ihn immer noch einmal formulieren, bis er stimmig ist mit dem, was wir fühlen. Und der Leser kann den Brief zehnmal lesen, bis er von einem oberflächlichen Lesen zum Herz des Briefes und des Briefschreibers vorstößt. Dabei kommt es nicht darauf an, daß die Briefe perfekt formuliert sind oder aus der Position des unfehlbaren Durchblicks geschrieben sind. Oft mag es wichtiger sein, überhaupt das Wagnis einzugehen, eine Not zu formulieren und den anderen daran teilnehmen zu lassen. So kann die Schreiberin/der Schreiber das stille, duldende Leiden verlassen und muß nicht mehr kaputtgehen an dem Unartikulierten.

Die Briefe dieses Bandes sind nicht in erster Linie dazu gedacht, daß man sie gebraucht, um einem anderen Menschen das zu sagen, was man bisher nicht gesagt oder geschrieben hat. Wenn aber einige Briefe tatsächlich in die Lage einer Leserin oder eines Leser passen, dann können sie natürlich so verwendet werden.

Vielleicht können sie dann den Anfang einer Selbstheilung bilden. Aber wichtiger scheint mir noch, daß die Leserin/der Leser lernt, selbst Briefe zu schreiben, um ganz spezifische Mißstände im eigenen Leben zu klären und vielleicht hier oder da eine Not zu wenden. Wenn diese Briefe zum Schreiben eigener Briefe animieren, dann hätte dieser Band seinen Zweck erfüllt.

ulrich schaffer

Burnaby im September 1989

Auf meinem Bild von dir
umgibt dich eine dunkle Aura.
An dir gehe ich manchmal zugrunde.
In dir löse ich mich spurlos auf,
Wasser in Wasser, ohne Identität,
in der sanften Gewalt deines Wesens.
Ohne dich oder mit dir,
was schmerzt weniger,
frage ich mich ausweglos.

Und was bin ich für dich?
Bin ich deine Lähmung?
Bin ich das Wasser,
das dir zwischen Nase und Mund steht?
Bin ich ein Berg ohne Ende
und ein Stein um deinen Hals?
Bin ich die Stäbe deines Gefängnisfensters?

Ich frage dich,
aber will ich die Antwort wissen
und wieder krumm gehen,
als wäre ich vorzeitig gealtert?
Und willst du hören,
daß ich dich manchmal wie verzweifelt suche
und doch hoffe, dich nicht zu finden,
weil ich Angst habe,
daß alles von vorne beginnt
und wir doch wieder dumpf
und mit leeren Augen dasitzen werden?

Es ist zu einfach, jetzt zu sagen,
daß alles gut werden wird.

Vielleicht wird es auch schlecht,
aber ich weiß nicht mehr genau,
was schlecht ist.

Ich scheue die alten Wege,
jeder führt auf seine eigene Weise
an dasselbe zermürbende Ende.
Die einfachen Antworten sind wie Ungeziefer,
das mich belästigt.

Ich will nicht mehr glauben,
daß das Alter oder unsere Unterschiede
uns trennen müssen.
Vielleicht gelingt das nur
unserer Armseligkeit im Wünschen,
unserer kurzsichtigen Zufriedenheit
oder dem hohlen Glück,
an das wir uns verkaufen.

Und doch erlaube ich mir,
manchmal auch ein Ende zu denken.
Vielleicht macht das
einen neuen Anfang eher möglich.

So setze ich mich hin
und suche dich mit einem Bleistift
auf geduldigem Papier.
Ich spreche dich an,
als könntest du hören.
Ich lasse die Worte kommen,
als wüßte ich klar, was ich sagen will.
Ich lehne die Halbherzigkeit ab.
Ich will ganzherzig werden.

Familie
und
Verwandtschaft

In Beziehungen in der Familie und Verwandtschaft richten sich viele von uns nach ungeschriebenen Regeln. Durch die jahrelange Nähe entstehen viele Muster, die kurzfristig als Lösung erscheinen, die aber langfristig echte, tiefe Beziehungen fast unmöglich machen. Da tut ein erwachsener Sohn das, was seine Eltern von ihm erwarten, ohne davon überzeugt zu sein. Sein Grund ist: Ich kann meinen Eltern doch nichts anderes zumuten! Und die Eltern geben nicht zu, das sie etwas von ihrem erwachsenen Sohn erwarten, weil sie wissen, daß man von erwachsenen Kindern nichts mehr erwarten sollte. Und so kommt es zu Handlungsweisen, die weder freiwillig sind noch die Beteiligten zu einem erfüllten Leben befreien. Und weil nichts oder wenig ausgesprochen wird, kann nur schwer etwas gegen diese zerstörerischen Muster gesagt werden. Sie laufen mit subtilen Formen der Erpressung indirekt und unterschwellig mit der Gewalt von Verschwörungen ab. Die bittere Ironie ist, daß diese Verschwörung gegen die Beteiligten selbst geht.

Mir scheint, als wenn die meisten verfahrenen Situationen daher rühren, daß wir zu sehr in Rollen denken. Eltern haben sich in einer gewissen Weise zu verhalten, Kinder haben das und das zu tun, Großeltern dürfen das und das nicht.

Die Rollen werden so stark, daß sie die Echtheit des einzelnen nicht mehr erlauben, und es bedarf eines noch stärkeren Menschen, sich gegen diese Rollen zu wehren und nicht in ihnen oder an dem Kampf gegen sie zu scheitern.

Wir müssen den Willen haben, nicht nur kurzfristig zu denken, sondern auf Jahre und Jahrzehnte, wenn wir uns eine Zukunft für unsere Beziehungen in der Familie wünschen. Der Umgang der Eltern mit ihren Kindern wird den Umgang der Kinder mit den alten Eltern bestimmen. Wir brauchen den Mut, uns gegenseitig loszulassen, um wieder zueinander finden zu können. Wir müssen bereit sein zu einer Härte, in der kein Platz ist für sentimentale, schwache Liebe. Und wir müssen uns wehren gegen den Druck, lieb zu sein. Wir dürfen einander nicht nur schonen, weil wir uns dann verwöhnen. Weil aus dem Kind ein Erwachsener wird, ist es wichtig, daß die Eltern lernen, daß aus der Beziehung mit Gefälle mehr und mehr eine Beziehung von gleichen wird.

Wie schwer es ist, sich voneinander zu befreien, um lebensfähig zu werden, zeigen die vielen gescheiterten Familienbeziehungen. Manchmal scheinen auch gute Gespräche nicht die Befreiung zu bringen. Die lebensfeindlichen Formen, die sich meist als besonders liebevoll und sorgetragend geben, mögen so tief in die Umgangsformen einer Familie eingedrungen sein, daß eine Befreiung nur durch einen Bruch möglich ist. Vielleicht ist es aber möglich, nach dem Bruch wieder neu zu beginnen und lebensförderliche Formen zu finden.

Ich will Euren Schutz nicht

Wie viele Fehler werden von Eltern gemacht, weil sie versuchen, ihre Kinder zu schützen, zu bewahren, damit sie nicht das erleben, was sie selbst erlebt und als negativ empfunden haben! Und wo wird aus der Vermeidung des einen Fehlers dann ein anderer, den aber die, die ihn machen, nicht als Fehler sehen. Und die neue Generation muß sich gegen diesen neuen Fehler wehren, so wie sich die Eltern hoffentlich gegen den Fehler ihrer Eltern gewehrt haben. Es ist schwer, die eigenen Kinder nicht aus einer Reaktion auf die Fehler der eigenen Eltern zu erziehen – also frei zu sein von Reaktionen, die zu Kurzsichtigkeit führen.

Liebe Eltern,

mein 21. Geburtstag ist gerade vorbei, und ich möchte dieses einschneidende Ereignis nutzen, um Euch einen Brief zu schreiben, in dem ich ein wenig meine Erziehung durch Euch reflektieren möchte. Ich will nicht alles ansprechen, sondern nur ein Thema: das Beschütztwerden.

Soweit ich mich zurückerinnern kann, habe ich Euch beide als sorgetragend in Erinnerung. Ihr wart immer besorgt: um mein körperliches Wohl, um meine Gefühle, um das, was ich denke. Ihr habe Euch Sorgen gemacht, mit welchen Freunden ich mich einlasse, ob ich einmal heiraten werde, wie erfolgreich ich sein werde, ob ich meine Ausbildung schaffe, ob ich später das Richtige glauben werde. Und das »Richtige« hieß immer, das, was Ihr auch geglaubt und getan habt. Ich erinnere mich an Eure sorgenvollen Gesichter und an die Schwere, die manche Gespräche umgab. Ihr habt es mir gesagt, und ich habe auch geglaubt, daß Ihr alles aus Liebe zu mir tatet. Ich kann es auch heute noch so verstehen, und doch war es eine einseitige Liebe, die einen Preis hatte, den ich bis heute bezahlen muß.

Als ich jünger war, habe ich geglaubt, daß alle Eltern so seien, bis ich merkte, daß manche meiner Freundinnen ganz andere Eltern hatten. Da schätzte ich mich glücklich, Euch als meine Eltern zu haben. Bei Euch war alles ordentlich. Ihr hattet die Dinge durchdacht. Ihr wußtet, was ihr wolltet. Als ich dann älter wurde, merkte ich, daß mir durch Eure Art auch manches verschlossen war. Ich fühlte mich von dem *Prozeß* des Lebens ausgeschlossen, ich nahm nicht teil an dem Werden. Das hat mich oft gehindert, das Leben wirklich zu erleben. Und damit meine ich nicht ein wildes, unkontrolliertes Leben, sondern einfach die Freiheit, etwas auf meine Weise, in meiner Art und zu meiner Zeit kennenzulernen und zu erleben, nicht nur alles im Kopf abzumachen.

Als ich älter wurde, habe ich manchmal Eure Art durchschaut. Ihr habt die feinen Formen des Drucks gebraucht: Manche meiner Entscheidungen habt Ihr mit subtiler Mißachtung belegt, die ich als Kind nicht ansprechen konnte und als Jugendliche nicht anzusprechen wagte, weil ich dann Euch gegenüber zu kritisch gewesen wäre. So stand diese Mißachtung einfach im Raum. Es war wie ein Schatten, der über meinen Handlungen hing, wenn ich sie nicht nach Euren Vorstellungen ausführte. Später konnte ich dann darüber reden, aber Ihr habt meine Gedanken selten wirklich an Euch herangelassen. Ihr habt dann die Rolle der Erfahrenen für Euch in Anspruch genommen und mir zu verstehen gegeben, daß ich das einfach noch nicht verstehe. Ich müsse erst selbst Kinder haben.

Euer Schutz galt nicht nur mir, sondern auch gewissen Werten. Ihr wolltet das erhalten, was ihr kanntet. Ihr wolltet Euch eine überschaubare Welt erhalten, und wenn ich mit neuen Ideen auftauchte, dann hätte das auch Euch gefährdet. So merkte ich mehr und mehr, daß Ihr nicht nur mich bewahrtet durch eure Einstellung, sondern auch Euch selbst. In unser Haus durfte nichts kommen, was nicht zuvor gereinigt war, was nicht sauber und manchmal steril war. Indem Ihr mich davor bewahrt habt, brauchtet Ihr Euch damit nicht auseinanderzusetzen.

Manchmal kam mir Eure Beteuerung, daß mein Leben sowieso in Gottes Hand sei und Ihr Euch darum nicht zu sorgen brauchtet, wie ein seltsamer Widerspruch zu Euren Handlungen vor. Ich erlebte sehr stark, daß *Ihr* mich behüten mußtet – alles lag an *Euch*.

Auch eure Prognosen hatten den Charakter des Beschützens. Ihr wolltet nur mein Bestes, was nur auf gewissen Wegen zu erreichen war, und diese Wege wußtet Ihr wiederum am besten. Oft wurde daraus dann eben doch nicht mein Bestes, sondern sogar etwas Schlechtes, weil es nicht meins war und weil ich es nicht auf eine mir gemäße Weise erworben hatte. Auch jetzt ist es oft noch so.

Manchmal habt Ihr Euch zu sehr zurückgenommen. Ihr habt mir alles ermöglicht, und ich habe oft dafür ein schlechtes Gewissen gehabt. Aber mit diesem schlechten Gewissen habt Ihr dann wieder erreicht, daß ich vieles von dem, was Ihr wolltet, getan habe. Ich unterstelle Euch hier nicht Niederträchtigkeit – ich glaube nicht, daß Ihr das bewußt gemacht habt. Aber ob es bewußt war oder nicht, das hat nichts daran geändert, daß ich so manches getan habe, was mir fremd war, weil Ihr es wolltet, auch wenn es mir nicht entsprach.

Insgesamt könnte ich sagen, daß wir zu sehr ineinander verhakt waren, Ihr besonders in mich. Eure Fürsorge hat mich und auch Euch unfrei gemacht. Durch das Sorgetragen konntet Ihr Euch ganz für mich einsetzen und dabei selbst aufgeben. Aber es hilft dem Umsorgten letztlich nicht. Das merke ich jetzt manchmal in meinem Leben.

Ihr wolltet mir meine Berufswahl erleichtern, und ich habe mich dabei beinahe für das entschieden, was ihr wolltet, womit ich unglücklich geworden wäre. Ihr habt mich beschützt in meinem Denken. Es gab immer etwas Undenkbares in unserem Haus. Darüber sollte möglichst nicht gesprochen werden. Auch da fandet Ihr es besser, wenn ich mich in den Gedanken bewegte, die Ihr kanntet und deren Konsequenzen Ihr überschauen konntet. Ihr habt mir deutlich vermittelt, über welche Art Schwiegersohn Ihr einmal froh sein würdet, und so begann ich nach Männern dieser Art zu suchen. Ich war umgeben von Eurer Sorge und habe diese Haltung übernommen, auch wenn sie gar nicht zu mir paßte. Ich bin nun dabei, dies abzulegen und frei zu werden von Eurer Sorge für mich.

Am schwierigsten finde ich jetzt, mit dem vielen Neuen umzugehen, was auf mich einstürzt. Ich merke, daß ich in manchen Bereichen keine eigenen Kriterien entwickelt habe, mit denen ich entscheiden kann, was gut und was schlecht ist oder was ich mag oder nicht mag. Und wenn ich dann in mich hineinhorche, höre ich hauptsächlich Eure Stimmen in ihrer Vorhersagbarkeit und finde dabei nicht meine innere Stimme. Aber zurück in den beschützten Raum kann ich auch nicht mehr. Dafür bin ich zu ehrlich und zu fragend.

Ihr habt mir einerseits eine wunderbare Geborgenheit geschenkt, als ich Kind und Jugendliche war, aber für die Geborgenheit muß ich jetzt teuer bezahlen, manchmal mit Unfähigkeit, mich in der Welt zurechtzufinden. Jetzt wünsche ich mir manchmal, daß ich Eltern gehabt hätte, die mich der Kompliziertheit der Welt ausgesetzt hätten, die ihrem Kind mehr und mehr die Entscheidungen überlassen hätten, damit es lernt, aus sich selbst zu entscheiden. Ich habe mehr von Euch übernommen, als ihr vielleicht ahnt. Manchmal empfinde ich mich wie eine Kopie von Euch, und damit kann ich immer weniger leben, nicht weil ich Euch nicht achte, sondern weil ich *ich* sein will. Ich bin ein anderer Mensch als Ihr, ich lebe eine ganze Generation später als Ihr. Ich muß darum meinen Weg finden, und ich spüre, daß ich ihn nur durch das Unbeschütztsein erreichen werde.

Ihr habt mich als starken Menschen erzogen. Ich kann viel vertragen, Ihr braucht mich nicht mehr zu beschützen. Laßt mich los.

Franziska

Seid Ihr noch bitter?

Kaum ein Kind ist zufrieden mit der Erziehung, die es genossen hat. Kinder zeigen eine ganze Bandbreite von Reaktionen: von einem leichten Unbehagen über die Erziehungsmethoden der Eltern bis zu einem tiefen Haß für das echte oder vermeintliche Unrecht, das sie unter ihren Eltern erlitten haben, von Hilflosigkeit bis zu offener Rebellion gegen die Eltern.

Wenn die Kinder klein sind, gilt oft nur das Wort der Eltern. Die Eltern sehen keine Möglichkeit, mit ihren Kindern über die Erziehung zu reden und sie darin einzubeziehen. Leider bleibt diese Haltung dann später oft bestehen, und es gibt auch dann, wenn die Kinder erwachsen sind, keine Möglichkeit, die Erziehungsjahre noch einmal durchzugehen. Die Eltern meinen, sie müßten etwas verteidigen, und die Kinder spüren, daß sie auch als Erwachsene kaum ernster genommen werden, als das als Kinder der Fall war.

Oft erziehen die Kinder dann wiederum ihre Kinder genau so, wie sie selbst erzogen wurden, weil sie den ganzen Ablauf weder durchschaut noch verstanden haben. So wiederholen sie die Fehler der Eltern, unter denen sie selbst gelitten haben. Oder sie machen alles genau entgegengesetzt, als es mit ihnen gemacht wurde, und übertreiben in die andere Richtung. So kommt es oftmals zu tragischen Wiederholungen von Erziehungsfehlern, und so kann Erziehung zu einer Reaktion auf die eigene unbewältigte Vergangenheit werden – und nicht die Eröffnung des Lebens für das Kind durch die Eltern mit ihrer größeren Lebenserfahrung.

Niemand gewinnt etwas bei diesem Ablauf. Die Eltern lernen nichts dazu, die Kinder lernen nur zu reagieren, anstatt frei zu entscheiden. Eltern beharren in ihrer Festgefahrenheit, und Kinder gelangen nicht darüber hinaus, ihren Eltern auch als Erwachsene noch »böse« zu sein und den Eltern dieses gelegentlich vorzuhalten.

Wäre es nicht möglich, daß Eltern ihren erwachsenen Kindern genau erklären, warum sie die Wege der Kindererziehung auf ihre Weise gegangen sind? Vielleicht können die Kinder ihre Eltern dann besser verstehen und auch entdecken, daß die Eltern es einfach nicht besser wußten oder aufgrund ihrer persönlichen Begrenztheit nicht anders konnten. Und vielleicht ist es für Kinder und Eltern wichtig, daß die Kinder aussprechen, was ihnen Schmerzen gemacht hat in ihrer Erziehung; daß sie das Bedrückende ihrer Kindheit benennen lernen und es nicht nur als etwas Unverdautes in sich herumtragen. Könnte hier ein Gespräch nicht alle Beteiligten befreien? Gäbe es nicht die Möglichkeit, durch das Sich-verletzbar-Machen alte Verletzungen aufzuheben?

Maren, Ingo und Anke,

wir haben uns entschlossen, schriftlich zu formulieren, wie wir unsere Erziehung von Euch jetzt sehen und warum wir das getan haben, was wir getan haben. Es ist für uns wichtig, dieses zu artikulieren, zunächst um unser selbst willen, aber auch, um Euch ein besseres

Verständnis zu geben, wie wir »funktioniert« haben, damals, als ihr klein wart und als ihr aufwuchst. Vielleicht fällt es Euch dann auch leichter, uns manches zu verzeihen, wenn Ihr das noch nicht getan habt. Und vielleicht findet Ihr in unseren Gedanken auch etwas für die Erziehung Eurer Kinder.

Wir wissen, daß Ihr alle Alice Miller gelesen habt und nicht viel von Erziehung überhaupt haltet, aber bitte beißt Euch nicht an dem Begriff fest. Es geht uns um innere Einstellungen, die über Begriffe hinausgehen.

Ihr wißt, daß wir beide aus Elternhäusern kommen, in denen es nicht viel »Mitspracherecht« bei der Erziehung gab. Es gab Regeln und Ordnungen, die einzuhalten waren. Es gab Strafen verschiedener Art, die meistens abzusehen waren und auch erfolgten. Es ging nach dem alttestamentlichen Satz: »Wer seine Rute schont, der haßt seinen Sohn; wer ihn aber liebhat, der züchtigt ihn bald.« Erziehung war der Auftrag Gottes an unsere Eltern, und sie haben versucht ihn zu erfüllen. Manchmal ging es auch darum, unseren Willen zu brechen.

Wir wollten das anders machen. Wir wollten Euch nicht körperlich strafen. Wir wollten Euch stärker Anteil nehmen lassen bei unseren Entscheidungen. Wir wollten Euch als eigenständige Menschen behandeln. Und wir haben uns viele Gedanken darüber gemacht. Wir haben Euch bewußt erzogen, um Euch die größtmöglichen Chancen in Eurem späteren Leben zu geben. Darum galt Empfindsamkeit als höchster Wert in unserer Erziehung. Wir waren der Überzeugung, daß empfindsame Kinder am besten unterscheiden können, was tatsächlich ihr eigenes Leben fördert, und daß sie dann am ehesten selbst wählen können, wie sie leben wollen.

Aber wir hatten natürlich auch unsere Begrenzungen. Mit manchem hatten wir, als wir jünger waren, nicht so gerechnet. Manchmal war es schmerzhaft zu sehen, daß auch mit gutem Willen nicht alles zu machen war. Als Kinder unserer Eltern hatten wir tief in uns deren Erziehungsmethoden aufgenommen. Sie hatten uns geprägt, das war nicht zu verleugnen. Zwar nicht in dem Sinne, daß wir einfach das weitermachten, was wir bei unseren Eltern gesehen hatten, doch bildeten diese Verhaltensweisen einen ständigen Hintergrund, vor dem wir lebten. Wir sagen, daß das nicht unbedingt negativ war, aber es gab uns gewisse Begrenzungen im Denken. Es war manchmal schwer, darüber hinauszudenken.

Die Begrenzungen durch unsere Anlagen waren eine weitere Blockade. Ich weiß noch, daß es eine Zeit gab, wo ich das Empfinden hatte, daß es für mich kaum etwas gab, was ich nicht tun könnte. Als Ihr dann klein wart, merkte ich, wie sehr auch ich gefangen war in meinem Schicksal. Wohl kann ich manches verändern, aber einiges kam mir gar nicht in den Blick, weil ich die die Eltern hatte, die ich hatte, weil ich in einer gewissen Zeit und unter gewissen Umständen aufgewachsen war, weil ich einen bestimmten Glauben hatte, weil ich Unsicherheiten in mir spürte, Ängste, Hoffnungen, Fragen. All das hat mich zu dem Menschen gemacht, der Euer Vater war und ist – mit den Begrenzungen, über die ich auch heute nur zu einem gewissen Grade hinauskomme.

Inzwischen verstehen wir manches besser. Das hat

sicherlich mit unserer allgemeinen Reife zu tun. Wir haben am Leben gelernt, aber inzwischen seid Ihr nun groß geworden und lebt auch mit dem, was wir Euch vermittelt haben. Wir hoffen sehr, daß Ihr durch uns nicht zu einem bleibenden Schaden gekommen seid. Wir möchten nichts dramatisieren, indem wir Euch um Verzeihung bitten für unsere Fehler, aber ich hoffe, daß Ihr in diesem ganzen Brief lest, daß manches uns leid tut. Doch wir wollen auch nicht so tun, als hätten wir damals alles schon besser können müssen. Und auch unsere heutige Sicht ist noch fehlerhaft. Auch heute würden wir Fehler machen. Das Fehlermachen scheint zum Menschsein dazuzugehören. Wir wollen aber versuchen zu verhindern, daß die Fehler ideologisiert werden oder daß wir so tun, als wären Fehler keine Fehler. Darum dieser Brief.

Vielleicht ist es wichtig, daß Ihr wißt, was wir wünschten anders gemacht zu haben:

1. Wir hätten uns durch das Durchsetzen Eures Willens – besonders bei Dir, Ingo, trifft das zu – nicht so bedroht fühlen können. Aber wir fühlten uns bedroht.
2. Wir hätten manchmal erfinderischer sein können, wie wir mit Euren »Unartigkeiten« umgegangen sind. Aber wir waren nicht erfinderischer.
3. Wir hätten Euch noch mehr trauen und zutrauen können, anstatt Euch manchmal zu sehr wie Kinder zu behandeln. Das betrifft auch gerade die Zeit, als Ihr schon Teenager wart. Aber wir konnten es nicht oder sahen es damals nicht für so wichtig an, denn wir trugen noch Restbestände vom Bild des »unmündigen Kindes« in uns.

4. Manchmal hätten wir vielleicht zurückhaltender sein können mit unserer Sicht von der Welt. Besonders als Ihr jünger wart, hattet Ihr darum eigentlich keine andere Chance, als unsere Sicht zu übernehmen. Aber uns war unsere Sicht so wichtig und richtig, daß wir sie Euch unbedingt übermitteln wollten.
5. Ich, Vater, wünsche mir, daß ich meine depressive Seite, mein Traurigsein, weniger gebraucht hätte, um Euch zu manipulieren. Ich habe Euch damit manchmal unter Druck gesetzt und finde das nicht gut. Auch das gehört zu meinen Begrenzungen, an denen ich arbeite.
6. Wir glauben, daß wir Euch manchmal durch unsere Betonung von Empfindsamkeit in eine schwierige Spannung gestellt haben: Einerseits wolltet Ihr sensibel sein, Rücksicht nehmen, andererseits wollten Ihr konsequent Euren Weg gehen. Und beides ging manchmal nicht, besonders dann nicht, wenn Ihr ausbrechen wolltet aus unseren Ordnungen. Vielleicht haben wir Euch so manchmal mit unserer Empfindsamkeit in einer neuen Art von Gesetzlichkeit gefangengesetzt, ohne es zu merken.

Wenn Ihr wollt, können wir über diesen Brief reden. Besonders wenn etwas zwischen uns steht, was Ihr nie gesagt habt, aber immer sagen wolltet. Wichtig ist für uns, von Euch zu hören, wo Ihr noch Bitterkeit über Eure Erziehung spürt, weil wir beide wissen, wie Bitterkeit potentielles Wachstum blockieren kann. Wir machen Euch das Angebot, daß Ihr alles sagen könnt, was Ihr wollt, und wir werden nicht darauf antworten, oder frühestens nach 24 Stunden, um zu verhindern, daß wir (vielleicht wieder) Euch überreden oder unter

Druck setzen, Eure Gefühle zu beweisen, und damit Gefahr laufen, Euch (vielleicht wieder) etwas auszureden.

Wenn Ihr meint, es könnte uns helfen, sind wir auch bereit, einen Familientherapeuten zu einem Wochenende mit Euch zu uns einzuladen, so daß eine neutrale Person dabei ist, die uns vielleicht auch im Gespräch helfen könnte. Von Freunden haben wir gehört, daß sie solch ein Wochenende mit Erfolg veranstaltet haben. Da gäbe es dann auch Möglichkeiten, nicht nur die Vergangenheit aufzuarbeiten, sondern auch unsere jetzigen Einstellungen zueinander besser zu verstehen.

In Liebe,
Eure Eltern

Nur ein bißchen Zeit

Die Diskrepanz zwischen Reden und Handeln ist in gewissen Situationen besonders schmerzhaft. Es gibt eine Unglaubwürdigkeit, die nicht auszuhalten ist. Das einzige Gegenmittel ist dann eine Tat, die die Unglaubwürdigkeit des Redners aufhebt und wieder eine Beziehung herstellt.

Teenager können manchmal nicht sagen, woran sie leiden, und doch spüren sie ganz deutlich einen Mißstand. Es hat sicherlich mit ihrem Alter zu tun und auch mit dem, wie sie von Erwachsenen angesehen werden. Sie werden nicht ernst genommen, weil sie in einer für die Erwachsenen verrückten Welt leben. Und doch haben sie meistens ein ausgeprägtes Empfinden für Echtheit. Sie können unterscheiden zwischen Worten, die verdecken und beruhigen sollen, und Worten, die echt sind und zu denen der Mensch, der sie sagt, mit seinen Taten steht.

Vater,

ich möchte Dir heute schreiben, weil in den letzten Monaten meine Versuche, mit Dir zu sprechen, nichts gebracht haben. Du hast vorgegeben, zuzuhören, aber in Wirklichkeit hast Du nicht zugehört. Du warst mit Deinen Gedanken ganz woanders. Das habe ich oft deutlich gemerkt. Darum will ich Dir heute schreiben, daß ich mir wünsche, Dich mehr zu haben. Fast immer bist Du beschäftigt, und ich habe selten Deine volle Aufmerksamkeit. Ich hoffe, daß Du diesem Brief die Aufmerksamkeit schenkst, die ich mir wünsche.

Ich erlebe nicht, daß Du Dich wirklich für mich interessierst. Ich weiß, daß Dein und mein Leben auf ganz verschiedenen Sternen stattfinden, aber manchmal hoffe ich doch, daß Du mich mal auf meinem Stern besuchen kommst. So anders ist es bei mir auch wieder nicht. Es fällt mir manchmal schwer, mit Deinem Desinteresse umzugehen. Ich komme mir vor, als hättest Du mich abgehängt, nach dem Motto: »Den Kleinen habe ich groß gekriegt, jetzt kann er für sich selbst sorgen.« Verstehe jetzt bitte nicht, daß Du Dich für mich interessieren mußt oder daß Du es in deiner Funktion als Vater tun müßtest. Das würde mir stinken, ich fände das blöde und würde mir dann wie ein Sozialfall vorkommen. Ich glaube, daß ich interessant bin und Dein Leben bereichern könnte, aber das mußt Du vielleicht erst selbst entdecken. Ich jedenfalls habe mir das Erwachsenwerden mit Dir anders vorgestellt.

Wäre es zum Beispiel nicht mal möglich, daß Du eines der Bücher liest, die ich gut finde? Ich würde Dir gern eins vorschlagen. Du machst das doch manchmal auch. Du hast mir auch schon Schinken gegeben, die Du gut gefunden hast. Wenn Du mal eines meiner Bücher lesen würdest, vielleicht würdest Du dann besser verstehen, was ich denke. Vielleicht würde Dir auffallen, daß auch ich in einer wirklichen Welt lebe.

Du fragst mich nicht nach dem was mich beschäftigt. Deine Fragen sind fast platt im Vergleich zu dem, was in mir vorgeht. Manchmal scheint es mir, als ob Du denkst, daß ich nur Pudding im Kopf habe. Du scheinst gar nicht zu wissen, wer ich bin. Du bist weit weg von mir. Mir ist es fast peinlich, Dir zu sagen, daß ich eine Seele habe, daß ich einen Geist habe, daß ich nicht nur zwei Beine bin, die unter Deinem Tisch stecken, und einen Mund, der das ißt, was du so mühsam verdienst. Ich bin viel mehr als das. Ich fühle, manchmal sogar sehr intensiv. Ich denke, manchmal sogar so, daß ich kaum aufhören kann. Es erinnert mich an Mutters Art zu denken. Ich habe Träume, Wachträume und Nachtträume. Ich träume von einer anderen Welt und überlege, was ich beitragen kann, um die Welt zu verändern. Wußtest Du, daß ich ein Traumtagebuch führe? In dem habe ich bisher über hundert Träume aufgeschrieben, und ich befasse mich mit dem, was sie bedeuten könnten. Aber mehr von diesen Dingen will ich Dir nicht erzählen. Ich könnte Dich langweilen. Wenn Du mehr hören willst, kannst Du mich fragen. Wir wohnen ja unter einem Dach.

Und wenn wir uns mal unterhalten, dann merke ich sehr deutlich, daß Deine Meinung wichtiger ist als meine. Ich will gar nicht abstreiten, daß Du mehr Lebenserfahrung hast als ich und darum »weiser« bist. Das ist ja klar, es wäre komisch, wenn das nicht so wäre. Aber deshalb kannst Du mich doch genau so ernst nehmen wie ich Dich. Ob man einen Menschen ernst nimmt oder nicht, hängt doch nicht von seinem Wissen, seiner Intelligenz oder seinem Alter ab, oder?

Kannst Du Dir vorstellen, daß ich Gedanken zur Weltpolitik habe, auch wenn ich auf meiner Lederjacke Buttons von INXS und The Cure habe? Das eine hebt das andere nicht auf, wie Du meistens zu denken scheinst. Die Welt interessiert mich, weil ich in ihr leben werde. Wahrscheinlich viel länger als Du. Mich interessieren die Fragen, die mit der Umwelt zu tun haben, und vielleicht hätte ich sogar etwas, was ich Dir sagen könnte.

Kannst Du Dir denken, daß mich Liebe interessiert? Ich sage ganz bewußt nicht Sex. Über Sex wissen in unserer Gruppe alle Bescheid, aber über Liebe scheint kaum einer etwas zu wissen. Ich würde gern mit Dir darüber reden, aber doch möchte ich auch, daß Du gern mit mir darüber redest und mich wirklich als Gesprächspartner annimmst. Wir werden manches unterschiedlich sehen, es wäre komisch, wenn das nicht so wäre, aber das würde doch unser Gespräch gerade interessant machen. Manchmal vermute ich bei Dir einige gute Einsichten über das, was Liebe heute oder im 21. Jahrhundert sein könnte, aber wenn Du dann eine Schulstunde aus unserem Gespräch machst, dann stellt es mich ab. Ich wünsche mir echten Austausch.

Kannst Du Dir vorstellen, daß ich Dich und Mutter manchmal genau beobachte und zu meinen Schlüssen über Eure Beziehung komme? Kommt Dir das komisch vor? Warum eigentlich? Du hast mich doch als aufmerksames, sensibles Kind erzogen. Du hast viel mit mir geredet, als ich kleiner war. Du hast mir die Welt erklärt.

Warum sollte das jetzt alles weg sein, nur weil ich 16 bin und für Deine Begriffe wilde Musik höre? Das hat doch damit gar nichts zu tun. Übrigens kommen all die Dinge, die Dir wichtig sind, auch in meiner Musik vor, nur in einer Verpackung, die Dir nicht gefällt. Wenn Du über die Verpackung hinauskommen könntest, würdest

Du wahrscheinlich einiges finden, woran Du Gefallen hättest.

Zum Schluß möchte ich Dir sagen, daß ich keine Antwort auf diesen Brief haben möchte, weder schriftlich noch mündlich. Ich wünsche mir nur *eine* Antwort: Das ist die Antwort durch Dein Leben. Ich möchte weniger Worte von Dir hören und dafür mehr Handeln erleben. Und wenn Du das nicht verstehst, möchte ich es Dir auch nicht erklären. Dann mußt Du so damit leben. Ich denke, daß mein Brief direkt und offen genug ist, daß Du ihn verstehen kannst.

Diese ganze Sache ist nicht zum Diskutieren, sie muß gelebt werden. Wenn Du es nicht willst, wenn Du Angst davor hast, wenn Du Dich überfordert fühlst, wenn Dir Deine Zeit zu knapp ist, dann kannst Du diesen Brief einfach vergessen. Ich werde es Dir nicht vorhalten, aber ich werde meine Konsequenzen ziehen. Ich werde Dir Dein Leben überlassen, aber ich werde mein Leben nicht mehr mit Dir teilen. Das ist keine Drohung, sondern eine einfache Tatsache. Ich werde es auch ohne Dich schaffen. Die meisten Jugendlichen schaffen ihr Leben ohne ihre Väter, das habe ich schon längst gemerkt, nur dachte ich, daß es bei uns nicht so sein müßte.

Ciao,
Michael

Es ist Zeit, Dein Leben in die Hand zu nehmen

In Liebe versorgen manche Eltern ihre Kinder zu sehr und zu lange und entmündigen sie damit. Das Kind nutzt die Versorgung aus und braucht nicht erwachsen zu werden. Die Eltern halten das Kind länger fest und erleben das Glück, gebraucht zu werden. Weil es im Namen der »Liebe« geschieht, ist schwer etwas dagegen einzuwenden. Aber ist es Liebe oder gegenseitige Abhängigkeit, in der alle Beteiligten lebensunfähiger werden? Oft führt dies auch zu Frustration und Ärger, die die Beziehung mehr und mehr belasten. Und doch finden die Beteiligten oft nicht aus dieser ungesunden Situation hinaus. Manchmal geht es nur mit einem harten Schnitt.

Lieber Peter,

wir meinten immer wieder, es würde vielleicht auch gehen, ohne daß wir diesen Brief schreiben. Wir haben versucht, Dir in Gesprächen dasselbe zu sagen, aber offensichtlich ist es nicht bei Dir angekommen. Darum möchten wir es jetzt mit diesem Brief so deutlich wie möglich machen.

Auch wenn wir Deine Eltern sind, sind wir nicht mehr bereit, Dich zu unterstützen, weder finanziell noch emotional. Wir möchten Dich bitten, auszuziehen und wirklich Dein eigenes Leben zu führen. Du bist jetzt 26 und bisher nicht bereit gewesen, wirklich für Dich aufzukommen. Es ist Zeit, daß Du das lernst, was zum Leben nötig ist. Wir sind nicht mehr bereit, es für Dich zu tun. Es kann sein, daß Du sagen wirst, daß wir doch genug Geld haben, Dich mit zu tragen. Ja, das hätten wir schon, aber darum geht es nicht.

Wir wollen Dir die Möglichkeit geben, das zu erleben, was Du Dir selbst schaffst, also in dem Bett zu liegen, das Du Dir machst. Wir haben Dir über die Jahre deines Erwachsenseins zu viele der Konsequenzen abgenommen, die Dein Handeln mit sich gebracht hat. Du hast nicht wirklich erlebt, wofür Du Dich entschieden hast. Wir haben vieles gemildert in dem Glauben, wir täten dies aus Liebe und Dir damit einen guten Dienst. Inzwischen haben wir gemerkt, wie wir Dich damit zerstören, selbst wenn Du es gut findest. Wir wollen nicht alles wieder aufzählen. Dafür haben wir zu oft Gespräche geführt – Du kennst unsere Gedanken gut.

Es tut uns leid, daß wir Dich so lange vor dem Leben geschützt haben und Dich nicht ganz klar haben fühlen lassen, was mit Deiner Art zu leben verbunden ist. Wir hatten eine sehr kurzsichtige Auffassung von Liebe, was Dich betrifft.

Wir bitten Dich, bis zum Monatsende das Haus zu verlassen. Wir geben Dir 2000 Mark mit, damit Du durch die erste Zeit kommst. Wenn wir schreiben, daß wir Dich auch nicht emotional unterstützen wollen, dann heißt das nicht, daß Du nicht mit uns reden kannst. Wir werden weiter offen sein für alle Gespräche, außer denen, in denen Du Dich beklagst, daß Dir keiner das Leben erleichtert. Wir haben uns schuldig gemacht, daß wir so lange zugehört haben, wenn Du andere beschuldigt hast, weil Du im Grunde selbst verantwortlich gewesen bist für den Zustand Deines Lebens. Wir möchten Dich also nicht mehr bestärken, auch nicht dadurch, daß wir Dich anhören oder einfach »da« sind wie in der Vergangenheit, wenn Du die Schuld auf andere abwälzt. Selbst mit Rat, auch wenn Du ihn von uns erfragst, werden wir sehr sparsam umgehen. Jetzt bist Du dran. Du mußt entscheiden und damit auch das Gewicht der Entscheidungen tragen, auch der Fehlentscheidungen.

Wir haben Dich lange unterstützt, finanziell, emotional, mit Rat und Tat. Wir haben für Dich gedacht, wenn Du das Denken verweigert hast. Wir hatten eine Sicht für Dich, wenn Du die Übersicht verloren hattest. Wir haben Dich rausgeholt aus den verschiedensten schwierigen Situationen, wenn es keinen Ausweg mehr gab. Jetzt haben wir begriffen, daß die letzte und vielleicht wichtigste Einstellung der Liebe die ist, Dir Dein eigenes Leben ganz zu überlassen, mit allem Glück und Chaos, und uns davon innerlich viel mehr abzuschneiden, als wir es in der Vergangenheit getan haben.

Es kann sein, daß Du es nicht verstehst und uns dafür anklagen wirst. Wir sind jetzt stark genug, diese Anklage zu ertragen. Wenn Du uns fragst, wie wir uns das denn alles vorstellen, dann haben wir darauf keine Antwort, weil es nicht mehr um unsere Vorstellungen und Antworten geht, sondern um Deine.

Vielleicht verstehst Du es aber auch und bist auf Deine Art glücklich, daß wir reinen Tisch gemacht haben. Was immer auch Deine Reaktion sein wird, sie ist Deine Reaktion, und wir werden sie nicht auf uns nehmen, wie wir es früher getan haben.

Unsere Entscheidung steht nicht mehr zur Debatte, und wir hoffen, daß Du sie ernst nehmen wirst.

Deine Eltern

Ich wünsche Respekt für meinen Weg

Wenn es uns doch gelänge, die Entwicklung eines jeden einzelnen Menschen ernster zu nehmen, anstatt einander zu bevormunden und füreinander zu wissen, wie wir leben sollten! Zwischen Eltern und Kindern spielt sich dieser Kampf in jeder Generation neu ab. Einzeln betrachtet, sind beide, die Eltern und die Kinder, zu verstehen. Die Eltern wollen ihre Kinder zu ordentlichen Erwachsenen erziehen, und die Kinder wollen zu ihrem eigenen Lebensstil finden.

Wahrscheinlich wird es selten ohne diesen Kampf gehen, ohne dieses Aufeinanderprallen. Vielleicht ist es für Eltern und Kinder nötig, sich so auseinander- und dann wieder zusammenzusetzen. Beide können dabei lernen, wenn sie sich nicht durch Bitterkeit verschließen und den echten Respekt vor dem Weg des andern verlieren. Wenn aber diese Auseinandersetzung zu einer tiefen grundsätzlichen Ablehnung des andern wird, die auch die Gefühle und das Wesen des ganzen Menschen erfaßt, dann folgt Zerstörung, und nur ganze starke Menschen werden sie überstehen. Wir müssen darauf achten, daß wir diesen Punkt nicht erreichen. Er kann zu einem »point of no return« werden. Wir finden dann nicht mehr heraus aus der Verirrung.

liebe eltern,

vielleicht erwartet ihr von mir keinen brief dieser art, aber ich möchte doch versuchen, euch zu erklären, warum wir so viele schwierigkeiten miteinander haben. ich hoffe, daß ihr mich anhören könnt, um mein wirkliches anliegen zu verstehen. ich will versuchen, euch nicht anzuklagen und hauptsächlich über meine gefühle schreiben.

wo haben unsere schwierigkeiten angefangen? ich denke, schon sehr weit zurück. schon als kind hatte ich die tendenz, viel zu fragen, und zwar in einer weise, die euch manchmal verunsichert hat. ich erinnere mich noch an gewisse gespräche, in denen du, mutter, besonders erstaunt und manchmal sogar erschrocken warst über meine fragen. ich verstand damals dein erschrekken nicht, weil ich dachte, daß man alles fragen dürfte. meistens bezogen sich die fragen auf gott und das leid in der welt oder auf die art, wie menschen miteinander umgehen. ich erinnere mich, daß du dann einige male gesagt hast: »so etwas fragt man nicht.« danach habe ich dann länger überlegt, ehe ich fragte.

als ich älter wurde und meine eigenen entscheidungen traf, verstieß ich dabei manchmal gegen eure ungeschriebenen regeln. ihr habt selten klar formuliert, was ihr glaubtet, aber ihr habt von mir erwartet, daß ich es ahne und mich danach verhalte. das ist mir schon damals seltsam vorgekommen, und heute finde ich es manchmal fast unehrlich. es ist, als ob ihr nicht für das einstehen wollt, was ihr denkt und glaubt.

später merkte ich dann mehr und mehr, wie konservativ ihr beide wart. ich will euch das nicht vorhalten, es ist eure wahl oder zumindest eure grundeinstellung dem leben gegenüber. ich dagegen merkte, wie neugierig und voller abenteuerlust ich war. ich lebte stark von der zukunft her, von all dem, was noch kommt, was sich nur andeutet, während ihr festhalten wollt, was war und was ist. ihr fühltet euch beide verunsichert, wenn ihr den überblick verlort. ich fühlte mich unwohl, wenn ich alles überschauen konnte und genau wußte, wie alles weiterging, weil ich das abenteuer liebte, das risiko, das ungewisse. diese grundhaltung hat sich bei mir bis heute nicht sehr verändert. bei euch habe ich das empfinden, daß ihr mit zunehmendem alter noch vorsichtiger und konservativer werdet.

mit dieser grundverschiedenen einstellung habt ihr vieles, was ich getan habe, mißverstanden. manchmal schien es mir, als wolltet ihr meine grundeinstellung dem leben gegenüber ausmerzen. ihr werdet es verneinen, aber ich habe es damals so erlebt und erlebe es jetzt auch noch oft so. ich spüre eure abneigung. ich bekomme von euch das gefühl vermittelt, daß es falsch ist, wie ich die welt sehe und wie ich dementsprechend handle. es ist falsch, das zu fühlen, was ich fühle. kein lebensbereich ist davon ausgenommen.

wenn ich politisch eine andere meinung habe als ihr, dann haltet ihr es gegen mich. nicht offen, aber versteckt. ich merke, daß es euch beschwert, wenn ich liberale ansichten habe und nicht glaube, daß die welt durch ordnungsliebe und pflichtbewußtsein zu retten ist. ihr zitiert dann die bibel und meint, das müßte mich überzeugen. aber ich lese die bibel anders, als sie mir von euch gelehrt wurde. ich habe auch da eine größere freiheit als ihr – für mich muß jeder bibeltext interpretiert werden. ich kann nicht irgendwelche worte nehmen und sie in einer direkten weise auf die welt übertragen. ich muß ihren tieferen sinn verstehen, den geist, aus dem sie geschrieben wurden, und dann die botschaft dieses geistes übertragen. aber das ist euch zu frei und zu gefährlich. ihr nehmt es mir dann übel, daß ich so mit der bibel umgehe. dabei ist sie für mich ein wertvolles buch, wenn auch auf eine andere weise als für euch. aber meine art wollt ihr euch kaum anhören.

meine berufswahl hat euch nicht gefallen. ihr konntet euch nicht vorstellen, daß ich mit einem freien beruf meinen lebensunterhalt verdienen könnte. ihr habt euch wahrscheinlich vorgestellt, wie es euch in meiner lage gehen würde, und fandet das ein absolutes chaos. aber ich bin nicht einer von euch beiden. ich will versuchen, in diesem freien beruf meinen lebensunterhalt zu verdienen, auch wenn das manchmal heißen kann, daß ich kaum genug haben werde. mir ist es wichtiger, meine freiheit zu behalten und etwas zu tun, von dem ich überzeugt bin, als mir vieles leisten zu können. ich habe nicht das bedürfnis, viel zu besitzen. ich bin mit weniger zufrieden und willig, auch die unsicherheit, die mit meinem beruf verbunden ist, auf mich zu nehmen. ich weiß, daß das für euch schwer verständlich ist. ihr habt hart gearbeitet, um euch den lebensstil leisten zu können, den ihr jetzt habt. eure eltern hatten wenig, und darum war es für euch wichtig, voranzukommen. das verstehe ich und halte es euch auch nicht vor. aber ich merke, daß ich andere wünsche und ziele habe.

mit der frage des lebensstils ist vieles andere verbunden. ich weiß, daß ich euch manchmal frustriere, daß es mir nicht so wichtig ist, von manchen menschen, von euren freunden zum beispiel, positiv gesehen zu werden. ich will in unserer gesellschaft nicht besonders leuchten und etwas gelten. ich möchte lieber bei vielen durchfallen, weil ich für sie die falschen vorstellungen habe und glaube, daß die werte unserer kapitalistischen gesellschaft sehr zweifelhaft sind. mir tut es dann manchmal leid, daß ich euch dadurch bei euren freunden unanehmlichkeiten mache, weil ihr euch schämt, aber ich weiß keinen anderen weg. vielleicht sollte ich dann eben nicht mehr erscheinen. dann enttäusche ich niemanden mehr. aber die rolle eurer folgsamen tochter, die die welt so sieht wie ihr, die möchte ich nicht spielen. das ist zu unehrlich für mich.

in den letzten jahren habe ich viel darüber nachgedacht, was euch wohl motiviert und warum ihr das tut, was ihr tut. ich glaube, daß viele von euren entscheidungen aus angst gefällt worden sind. ihr habt der angst immer wieder andere namen gegeben: rücksicht, vorsicht, demut, pflichtbewußtsein, dankbarkeit, sicherheit, verläßlichkeit und viele andere. ich sehe bei euch mehr und mehr nur die angst und die damit verbundene enge. ihr müßt euch nicht ändern, aber ich will nicht so leben, und ich will auch nicht so tun, als würde ich manches in eurem leben nicht sehen. ich versuche, nichts aus angst zu entscheiden. darum bin ich auch für euch schwerer zu beeinflussen. anstatt aus angst zu handeln, will ich meiner sehnsucht nachgehen, auch wenn sie manchmal unsachlich und unrealistisch ist. in unserer welt möchte ich lieber zuviel träumen, als das träumen ganz verlernen.

das schlimmste, was ich in euren augen sicherlich bisher getan habe, ist, mit meinem freund zusammenzuziehen. auch darüber sprecht ihr nicht offen, laßt mich aber deutlich eure mißbilligung fühlen. mir wäre es lieber, wir könnten das thema direkt ansprechen. ich habe gewußt, daß ihr es nicht gut finden würdet. ich kenne eure einstellung zu diesem thema. ich kann es auch verstehen, daß ihr nicht so gelebt habt, als ihr jung wart. das war eine andere zeit. ich erwarte auch nicht, daß ihr meine handlung gut findet. aber was ich erhofft habe, war, daß ihr so offen sein würdet, mich anzuhören. ich würde euch gern erklären, warum ich so handle. aber ich bin nicht bereit, mir nur eure einseitige meinung anzuhören und nichts erwidern zu dürfen. ich habe auch mit meinen 21 jahren schon viel nachgedacht und mich für diesen weg entschlossen. wäre es nicht möglich, daß einfach euer respekt vor der meinung und entscheidung eines anderen menschen euch zuhören lassen könnte, wie ich etwas sehe und warum ich so handle? ich weiß um die alternativen und habe meine gründe, warum ich so handele, wie ich es tue. ich habe sicher mehr über sie nachgedacht, als ihr damals über eure entscheidungen (als ihr euch kennenlerntet) nachgedacht habt. und doch erlebe ich von euch nicht ein echtes interesse. ihr wollt mir nur sagen, daß ich etwas falsches tue und euch damit eurer erziehungspflicht entledigen. ihr wollt weiter die welt sauber in schwarz/weiß teilen. glaubt ihr wirklich, daß es so einfach ist?

ich habe in den letzten jahren immer wieder konsequent versucht, euch nicht als gegner zu sehen. aber ihr seid mir dabei nicht entgegengekommen. manchmal spüre ich von euch zu mir eine ganz tiefe gegnerschaft, als wäre ich böse und müßte gemieden werden. dann habt ihr mich mit liebesentzug bestraft, habt mir euer leiden an mir demonstrativ gezeigt, habt mit anderen über mich gesprochen, ehe ihr es mit mir versucht habt. ich kam mir dabei manchmal sehr wertlos vor, als dürfte ich nicht mehr eure tochter sein. ich vermute, daß das alles mit eurem glauben zu tun hat. ihr könnt mich nicht einfach annehmen, wie ich bin, weil ich nicht so glaube wie ihr. es ist eure pflicht, mich abzulehnen. »aus liebe« abzulehnen, würdet ihr dann vielleicht sogar noch behaupten, weil ich so am ehesten meine hilflosigkeit fühlen und vielleich euren glauben annehmen würde. aber für mich ist das nicht liebe, sondern eine subtile form von rache und eine art betonung der rechtgläubigkeit, die mir schon seit jahren angst macht. ihr seid bereit, mich eurer lehre, eurem dogma zu opfern, ihr habt es eigentlich schon getan.

ich kämpfe nun in mir, euch nicht in der gleichen weise zu begegnen. auch wenn ihr gegen mich seid, will ich nicht gegen euch sein. ich verstehe die meisten eurer handlungen, weil ich eure geschichte, eure vergangenheit, eure eltern kenne. ich wünschte, ihr würdet mich so kennen, wie ich euch kenne. vielleicht hättet ihr dann mehr verständnis für meine art. es ist schon lange meine sehnsucht, daß ihr einmal wirklich *für mich* sein würdet.

ich werde meinen weg weitergehen, mit oder ohne euch. ich werde mich nicht in eine enge begeben, in der ich nicht leben kann, auch wenn ihr es manchmal wünscht. und ich werde mit mir selbst kämpfen, daß ich nicht bitter werde, wenn ich eure zuwendung nur spüre, sofern sie an bedingungen gebunden ist.

angelika

Manchmal fühlte ich mich wie ausgelöscht, Mutter

In den meisten Fällen sind unsere Eltern die ersten Bezugspersonen, die unsere Beziehung zum Erwachsensein am stärksten prägen und bestimmen. Was wir von unseren Eltern lernen, was von unseren Handlungen bewußt und was unbewußt ist, wie frei wir von dem Einfluß unserer Eltern wirklich sein können, all das wird sich nie endgültig voneinander trennen lassen. Wir setzen uns ja nicht nur mit unseren echten, lebenden oder gestorbenen Eltern auseinander, sondern auch mit unseren verinnerlichten Eltern. Vielleicht hat diese Verinnerlichung stattgefunden, als wir klein waren, und wir haben dieses Bild festgehalten, auch als sich unsere Eltern schon verändert hatten. So kann es sein, daß wir ein Bild von unseren Eltern haben, daß dem Bild, das andere von ihnen haben oder das sie von sich selbst haben, nicht entspricht. Da entstehen dann besondere Kommunikationsschwierigkeiten.

Es erscheint mir darum besonders wichtig, daß Kinder ihren Eltern sagen oder schreiben, wie sie sie erlebt haben, besonders wenn ihre Eltern offen sind, dies zu hören. So könnten Blockaden gelöst, alte Mißverständnisse ausgeräumt und manche Bitterkeit besser verstanden werden. Es könnte für Eltern und Kinder zu einer größeren Lebensfähigkeit führen. Dies muß nicht heißen, daß man sich dann blendend verstehen wird. Aber wenigstens können die Eltern wissen, wie sie gewirkt haben oder noch wirken, und die Kinder müssen nicht mehr die Rolle des gehorsamen, treuen, duldsamen Kindes in einer verschrobenen Ehrfurcht leben.

Mutter,

wie so oft in den letzten Jahren, wende ich mich Dir mit einer schwer zu beschreibenden Kombination von Angst und Liebe zu. Ich weiß, daß es Zeit ist, Dir das zu schreiben, was mich bewegt. Ich tue es jetzt, mit 25, und wünsche, ich hätte es eher tun können. Manchmal dachte ich es zu tun, Deinetwegen, aber heute will ich es nur meinetwegen tun. Ich will versuchen, ob es mir gelingt, durch das Aussprechen ein Stück freier von Dir zu werden und dabei mich ein wenig mehr zu finden.

Fast 20 Jahre habe ich Dich als Idealmutter verehrt. Ich war stolz auf Dich, ich habe mit Dir angegeben unter meinen Freundinnen. Ich war froh, Dich meinen Freundinnen zu »zeigen«. Und ich merkte, wie sie neidisch auf mich waren, daß ich eine solche Mutter hatte. Und ich habe mich ein wenig in Deinem Glanz gesonnt. Wir zwei gehörten zusammen. Ich habe Dich bestaunt für all das, was Du konntest. Ich sehe Dich noch beim Bügeln, das Telefon eingeklemmt zwischen Schultern und Kopf, das Mittagessen kochend auf dem Herd hinter Dir. Da brannte nichts an, Du konntest dem Telefonpartner folgen, und sogar Vaters weiße Oberhemden leuchteten strahlend und glatt, wenn Du mit ihnen fertig warst. Du konntest drei Dinge auf einmal tun. Du hattest alles im Griff. Du verlorst nicht die Fassung. Ich wollte immer so werden wie Du. Wer wollte das nicht?

Ich habe dabei zuerst überhaupt nicht gemerkt, daß ich nicht wußte, was ich wollte. Es ist mir einfach nicht aufgefallen. Es war nicht wichtig. Was wichtig war, konnte ich ja an Dir ablesen. Du stelltest das dar, was es hieß, erwachsen zu sein. Du verkörpertest das Bild der Frau und Mutter. Es war mir damals auch keine Frage, daß ich einmal so werden würde wie Du. Ich war doch immerhin Deine Tochter. Ich würde Deine Art einfach übernehmen, und alles wäre klar. Darin sah ich eine schöne Zukunft.

Ich glaube, ich war zehn Jahre alt, als ich zum ersten Mal feststellte, daß mir die Dinge nicht so gelingen würden wie Dir. Ich hatte gerade ein Blech Kekse gebacken, und sie waren mir angebrannt, weil ich mit einer Freundin am Telefon geredet hatte. Ich erinnere mich noch an das Gefühl der Verunsicherung, als ich vor den angebrannten Keksen stand. Es war gar nicht so, wie es sein sollte. Als das einige Male so passiert war, spürte ich eine undefinierbare Angst in mir aufsteigen. Aber ich sah darin nur ein vorübergehendes Problem. Ich fand auch immer wieder schnell eine Erklärung, die es mir erleichterte, damit fertig zu werden. Aber ganz tief innen begann ich zu ahnen, daß ich nie wie Du sein würde. Nie. Es würde mir einfach nicht gelingen.

Lange habe ich es nicht wahrhaben wollen. Ich habe so getan, als sähe ich nicht, daß ich es nicht schaffte. Wenn Du mich für irgend etwas gelobt hast, war alles wunderbar. Dann konnte ich auf Wolken gehen. Darum wurde ich so abhängig von Deinem Lob. Um weder mir noch Dir das einzugestehen, gab ich mich viel unabhängiger, als ich es war. Erinnerst Du Dich noch an die

Fahrradtour, die ich mit 14 ganz allein unternahm? Ich bin auf dieser Tour manchmal fast vor Angst gestorben, aber ich habe durchgehalten. Ihr wart ärgerlich, als ich zurückkam, aber Ihr habt mich auch ein Stück bewundert, weil ich so unabhängig war. Dabei war ich es gar nicht. Daß ich manchmal so forsch geredet und gehandelt habe, war nur, um meine Unsicherheit zu verdekken und den Gedanken von mir zu weisen, daß ich nicht das tun konnte, was Dir so spielend gelang.

Das war die erste Phase. Die zweite war viel schmerzhafter. In ihr begriff ich, zuerst nur zögernd, dann immer mehr, daß ich kein Bild von mir und meiner Zukunft hatte. Jetzt, wo ich Dich als Modell, an dem ich mich orientieren konnte, verloren hatte, mußte ich die schwere Arbeit beginnen, mich selbst zu entwerfen. Und das ist sehr schwer für einen Teenager, der sich ohnehin schon mit vielen Problemen herumschlägt. Klar war nur, daß ich nicht das leben würde, was Du lebtest. Ich würde nie die Rolle füllen können, die Du mir vorgelebt hast. Sie war zu groß für mich. Mühsam und mit manchen Fehlgriffen entdeckte ich jetzt, was zu mir paßte. Das war die zweite Phase, in der ich auch bis heute noch zum Teil drinstecke.

Die dritte Phase war dann, mit der Enttäuschung, die ich Dir zufügte, fertig zu werden. Auch daran arbeite ich noch. Ich lebte und lebe manchmal mit dem Bild, daß eine Tochter so zu werden hat wie ihre Mutter, sonst ist sie ganz zwangsläufig eine Enttäuschung für ihre Mutter. Das hat sicherlich auch damit zu tun, daß Mütter ihren Töchtern die Welt auf dem Hintergrund ihrer eigenen Fähigkeiten eröffnen. Du hast mir gesagt, wie man etwas macht, natürlich wie Du es machst, aber

Du hast manchmal dabei vergessen, daß ich es nicht so konnte. Was blieb mir da anders übrig, als zu glauben, daß ich Dich enttäuschte?

Ich entdeckte damals auch meine Sensibilität. Doch zunächst verachtete ich sie nur. Ich sah darin eine Schwäche, die ich mir nicht eingestehen wollte. Ich wollte ein Draufgänger sein wie Du. Empfindsamkeit war für Dich nicht so wichtig, warum sollte ich sie denn wichtig nehmen? Und doch merkte ich mehr und mehr, daß das meine Richtung war. Aber noch lebte ich gegen mich selbst.

Du hast es vielleicht nie so formuliert, wie ich es jetzt schreibe, aber es ging von Dir eine Ausstrahlung aus, die andere in den Schatten stellte. Besonders mich. Ach ja, ich weiß, Du sagst, daß sich die andern behaupten müssen und daß es nicht Deine Aufgabe sei, anderen ihr Selbstwertgefühl zu vermitteln. Das stimmt auch, aber vergiß nicht, daß ich Deine Tochter war, die Dich liebte und so sein wollte wie Du. Damit hattest Du eben eine ungeheuer große Gewalt über mein Leben, und ich war noch zu jung, um mich daraus zu befreien. Das gelingt mir erst jetzt.

Vielleicht verstehst Du nicht, wie ich es meine. Ich will darum versuchen, noch etwas näher zu beschreiben, was mich oft eingeschüchtert hat. Da gab und gibt es zunächst Deine Sprachgewandtheit. Du konntest alles meistens schneller, kürzer, treffender sagen. Ich habe darum viel geschwiegen, und sehr oft hast Du meine halbvollendeten Sätze fertiggemacht. Ich habe mich damit zufriedengegeben, auch wenn sie nicht genau das waren, was ich gesagt hätte. Du konntest und kannst so sprechen, daß jeder Dir zuhört. Ich habe manchmal andere fast das gleiche sagen hören, ohne daß jemand ihren Worten viel Bedeutung beigemessen hat. Aber Dir hörte alles zu. Oft habe ich darum gedacht: Wer das Wort hat, hat die Macht! Erst in letzter Zeit merke ich, daß diese Sprachgewandtheit auch eine negative Seite hat. Ich erlebe jetzt manchmal, wie Menschen Dir nichts erwidern, aber nicht, weil Du sie überzeugt hast, sondern weil sie sprachlich nicht gegen Dich ankommen. Und Du denkst schon, daß sie Deiner Meinung sind.

Auch durch deine Erscheinung wirkst Du. Obwohl wir beide gleich groß sind, so werde ich doch nie so groß wirken, wenn ich ein Zimmer betrete. Du wirkst. Ich glaube auch, daß Du wirken willst. Und es gelingt Dir. Du setzt damit Maßstäbe. So wie Du wollen fast alle sein. Und das hat auch mich in eine Enge getrieben, aus der ich erst jetzt wieder herausfinde. Da gab es nicht viel zu fragen, Du wußtest, daß Dein Weg der überzeugendere war, und Deine Umwelt hat Dir das immer wieder bestätigt. Du wurdest bewundert. Ich halte Dir das nicht vor. Es war einfach so. Aber es machte es mir schwer, neben Dir zu bestehen mit meinen so anderen Werten und Einstellungen.

Deine Fähigkeit, Dich in jemanden hineinzuversetzen, verwechseln viele mit Sympathie und Verständnis, aber ich merke langsam, daß es Deine Fähigkeit zu denken ist. Du denkst Dich mehr ein, als du Dich einfühlst. Auch das halte ich nicht gegen Dich – das ist Deine Begrenzung, es ist keine Schande, nur will ich lernen, hier nichs mehr zu verwechseln.

Die schwierigste Zeit, die ich durchgemacht habe, war von 18 bis vor kurzer Zeit, weil ich in mir einen ungeheuren Kampf kämpfen mußte. Nachdem ich wußte, daß ich nicht so wie Du sein würde, nachdem ich begriffen hatte, daß Menschen immer mehr auf Menschen wie Dich fliegen werden, nachdem ich verstanden hatte, daß auch meine größte Anstrengung mich nicht zu dem machen würde, was Du gern in mir hättest, nach alledem brannte nur die eine Frage: Kann ich denn selbst irgend etwas wert sein? Das war die Zeit, in der ich mir beweisen wollte, daß ich zu nichts taugte, um dann gleich wieder das genaue Gegenteil zu glauben. Ich flog hin und her, verstand mich nicht mehr und verstand mich doch so gut, ich staunte über mich selbst und verachtete mich. Ich verzweifelte und war stolz. Ich wollte erfolgreich sein und verabscheute jeden Erfolg.

Ich habe Dich in der Zeit als hart erlebt. Es wird Dich vielleicht überraschen, weil Du Dich immer als so liebevoll und verständnisvoll empfunden hast. Aber Du warst hart und bist es auch jetzt noch. Mit Deinem Wesen tolerierst Du letztlich nur Erfolg. Und den hast Du fast immer gehabt. Und gerade diesen Erfolg kann ich Dir nicht bringen. Ich versage gegenüber Deinen versteckten Ansprüchen. Es war Dein Wesen, das mich zeitweise ausgelöscht hat, nicht Deine Worte und Deine Umarmungen.

Verstehst Du das? Auch heute kann ich das noch nicht wirklich auseinanderhalten, was durch Deine Stärke und was durch meine Schwäche geschieht. Vielleicht ist es auch nicht nötig. Auf jeden Fall ist es die Gegenüberstellung, die mich manchmal belastet. Je besser ich zu mir stehen kann, desto besser werde ich es in Zukunft neben Dir aushalten.

Jetzt bin ich auch dabei zu begreifen, daß die Rolle, die von Dir aus so prägend über mir hing, zu »klein« war und ist. Ich habe nicht genug Platz in ihr. Ich bin größer als die Rolle, die ich Dir abgeguckt habe. Die Rolle eines anderen ist immer zu klein und zu unpersönlich. Jetzt bin ich dabei, mein ganz eigenes Leben zu finden. Ich bin bereit, nicht die Beachtung zu erleben, die Du hast. Ich kann damit leben, daß mich weniger Menschen gut finden werden. Ich habe jetzt meinen Frieden damit gemacht, nicht aufzufallen, sondern durchschnittlich zu sein.

Und wenn mich trotzdem Deine Art ab und zu auslöscht, dann werde ich mich melden. Ich werde Dir härter als je zuvor begegnen, aber es wird letztlich nicht gegen Dich sein, sondern ich werde für mich sein. Und vielleicht kann es sogar passieren, daß Du mich nicht nur in Gedanken verstehst, nicht nur rational wahrnimmst, daß ich die Welt ganz anders erlebe als Du, sondern vielleicht wirst Du auch mit Deinem Herzen sehen, daß es ganz andere Werte und Inhalte geben kann. Und vielleicht wird es Dir gelingen, über Deine Liebe zu mir, an der ich nicht zweifele, etwas von diesen Werten und Inhalten von mir zu lernen.

Aber auch wenn das nicht geschehen sollte und Du weiter so lebst, als gäbe es nur Deine Sicht, werde ich weiter leben können, ohne zu verzweifeln wie früher. Ich habe Frieden mit mir selbst geschlossen. Ich habe einen Vertrag mit mir gemacht, daß ich so sein darf, wie ich bin. Ich habe mir erlaubt, meinen eigenen Weg zu gehen.

Mutter, ich bitte Dich, beantworte diesen Brief nicht sofort. Zeige ihn auch niemand. Lebe erst einige Monate damit. Ich fände es wichtig, daß Du diesen Gedanken erlaubst, ganz tief nach innen zu gehen. Wenn Du das schaffst, kommst Du mir schon ein Stück näher.

Brigitte

Ich lasse meine Vorstellungen los

Eltern haben Vorstellungen, wie ihre Kinder einmal sein werden, was ihre Werte sein und wie sie leben werden. Viele Eltern setzen alles dran, das aus ihren Kindern zu machen, was sie sich vorstellen. Und nicht wenige sind dann tief enttäuscht, wenn die Kinder anders werden, wenn sie Entscheidungen treffen, die die Eltern verletzen und ängstigen. Wenn dies mit Kindern im Alter von 14, 15, 16, 17 geschieht, kann manchmal eine Beziehung für viele Jahre oder gar permanent zerbrechen. Man verliert das Vertrauen zueinander. Das Kind hat vielleicht nur versucht, ein eigenes Leben zu führen, das zu tun, was es als richtig und lebensfördernd empfand. Die Eltern haben versucht, ihr Kind liebevoll zu erziehen und vor »dummen Fehlern« zu bewahren, weil diese die Zukunft verbauen könnten, wie sie sagen.

Ich glaube nicht, daß es wirklich weiterbringt, wenn ein Vater oder eine Mutter die eigene Enttäuschung hinunterschluckt und so tut, als sei er/sie nicht enttäuscht. Ich glaube auch nicht, daß Eltern ihren Kindern einen echten Dienst tun, wenn sie »großzügig« sind und alles »verstehen«, was ihre Kinder tun, die also die Enttäuschung erst gar nicht wirklich hochkommen lassen. Auch da werden auf einer tieferen Ebene oft Abneigung und Disharmonie und der Verlust einer tiefen Liebe erlebt.

Gibt es eine Lösung? Ich glaube, daß echte und ehrliche Kommunikation helfen kann. Ein direkter Aus-

tausch, offene Worte, ein Eingeständnis der eigenen Begrenzungen, vielleicht sogar eine Entschuldigung, das alles kann helfen. Es wäre schön, wenn es den Eltern als den Älteren gelingen würde, den eigenen Umgang mit ihren Kindern im Teenalter zu reflektieren (während sie drinstecken oder auch später) und dies ihren Kindern zu vermitteln. Vielleicht gäbe es da wieder eine Möglichkeit, Verständnis füreinander zu entwickeln, trotz der Unterschiede. Es ist einen Versuch wert. Es gibt nichts zu verlieren als nur das Trennende.

Liebe Michaela,

ich schreibe heute zwar als Mutter an Dich, aber nicht nur als Mutter. Ich hoffe, daß Du in meinem Brief auch das Gegenüber spürst, das ich Dir sein möchte. Ich bin an Dir und Deinem Wachstum interessiert. Wie es Dir geht und weiter gehen wird, ist mir nicht gleichgültig.

Ich gebe zu, daß ich tief enttäuscht von Dir war, es aber nie wirklich ausgedrückt und Dir erklärt habe. Das war vor zwei Jahren, als Du gerade 17 wurdest und so ganz entschieden Deinen eigenen Weg gingst, den ich nicht gut fand. Besonders die Wahl Deines Freundes und Eure Art, miteinander zu sein: die späten Abende, Euer Rauchen, das Leben von Würstchen und Hamburgern, Dein Desinteresse an tieferen Lebensfragen, Dein übertriebenes Schminken, die Heimlichtuerei – Du weißt ja selbst, was mich gestört hat.

Als das alles losging, war es für mich, als würde ich

Dich verlieren. Du wurdest mir von Tag zu Tag fremder. Erst habe ich versucht, Dich mit Regeln zu halten, dann mit Vorschlägen, dann mit meinem Leiden und Dir-das-Leiden-Zeigen, um Dir ein schlechtes Gewissen zu machen. Aber alles schien nicht zu helfen, auch Reden nicht. Ich habe Dich damals nicht losgelassen, sondern Du bist mir verlorengegangen. Ich habe mir vorher nie vorgestellt, daß mir das einmal mit Dir so gehen könnte.

Seitdem ist unser Verhältnis nicht mehr das gleiche gewesen. Einerseits hat mich das geschmerzt, und andererseits merke ich, daß das der unaufhaltsame Weg des Erwachsenwerdens ist. Für uns beide. Ich möchte Dir gerne schreiben, wie ich die Zeit vor zwei Jahren sehe und was seitdem in mir geschehen ist.

Vorweg: Ich glaube, daß ich Dich jetzt losgelassen habe, und vielleicht hat auch das dazu geführt, daß wir jetzt etwas entspannter miteinander sein können. So erlebe ich es wenigstens. Ich will etwas weiter ausholen. Schon als Du geboren wurdest, hatte ich Vorstellungen für Dich. Sie waren nicht festgelegt, aber die Richtung war mir klar. Ich wollte Dich mit viel Behutsamkeit erziehen und Dir die Welt erschließen durch meine, durch unsere Erziehung. Durch Sensibilität solltest Du die Welt tiefer erleben als andere Kinder. Wir wollten Dir die inneren Zusammenhänge des Lebens zeigen, wenigstens so weit, wie wir sie selbst begriffen hatten. Ich glaube auch, daß uns das geglückt ist. Du warst empfindsam, sensibel, aufmerksam. Du verstandest vieles besser als Deine Freundinnen und Freunde. Du hattest eine Offenheit, die mich manchmal in Staunen versetzte.

Dann kam die Zeit vor zwei Jahren. Alles, was so vorsichtig in Dir gewachsen war, schien kaputtzugehen. Ich sah das zerfallen, was wir mit viel Liebe aufgebaut hatten. Es schien so, als würdest Du Dein Leben nicht überblicken und eine Dummheit nach der anderen machen. Ich meinte Dich vor Dir selbst retten zu müssen. Es war die typische Elternreaktion. Ich merkte bei meiner Reaktion fast sofort auch meine Ängstlichkeit. Ich wußte manchmal, schon während ich sprach, daß es nichts taugte, was ich sagte, und daß ich Dich zu bevormunden versuchte. Und doch konnte ich es nicht lassen. Es ging nicht nur um Dich, sondern auch um mich. Kann es möglich sein, daß mein Kind vieles ganz anders macht als ich? Kann es sein, daß es ganz andere Ausdrucksmöglichkeiten für die lebensförderlichen Grundregeln gibt, die mich schon so lange beschäftigen?

Inzwischen habe ich viel grundsätzlicher begriffen, daß ich nicht befugt bin, Dein Leben für Dich zu entscheiden, und schon gar nicht, es für Dich zu leben. Ich hatte damals schon viel über das Loslassen von Kindern gelesen, ich war informiert, und doch war es etwas ganz anderes, existentiell loszulassen und hilflos dabeizustehen. Wir hatten Dich zu einem selbständigen Menschen erzogen, und nun wurdest Du selbständig, nur nicht so, wie ich es mir vorgestellt hatte. Ich hatte nicht gedacht, daß es so schwer sein würde, nur zuzusehen.

Das ist die eine Seite der Geschichte. Die andere gilt aber auch noch für mich. Ich stehe noch zu der Herausforderung, die ich Dir vor zwei Jahren war. Ich fand manches unweise, wie Du es tatest, und wollte Dich mit meiner anderen Einstellung herausfordern, einiges noch einmal zu überlegen. Darin sehe ich auch heute noch meinen Beitrag in Eurem Leben, auch wo Ihr alle drei schon erwachsen seid. Ich möchte für Euch in manchen Fragen wie eine Schwelle sein, nicht ein Hindernis, aber eine Schwelle. Die Schwelle müßt Ihr überqueren, erst dann seid Ihr stark genug, das Dahinterliegende in Angriff zu nehmen und es zu leben. Verstehst Du, was ich meine? Die letzte Entscheidung ist Deine, aber Du mußt sie manchmal gegen mich fällen, und das fand ich damals gut und finde es auch heute noch gut. So hattest Du die Chance, Deinen Weg zu gehen, wenn auch gegen Widerstand. Du erinnerst Dich sicherlich noch an meinen alten Spruch, daß wir am Widerstand wachsen. Den finde ich immer noch gut. Ich möchte Dir auch in Zukunft Widerstand bieten, nicht aus Prinzip, aber dann, wenn ich etwas anders sehe als Du. Die Entscheidung soll weiter Deine sein, weil Du ja auch die Konsequenzen für Deine Handlungen tragen mußt. Aber ich glaube, die Entscheidung wird eine bessere sein, weil Du wenigstens in manchen Fällen eine andere Meinung deutlich gehört hast. Bei alldem will ich lernen, Dich mit meiner Herausforderung nicht zu lähmen oder zu ängstigen, aber mich auch nicht so zurückzunehmen, daß Du nicht in Frage gestellt wirst. Das ist für mich eine Gratwanderung. Ich weiß auch, wenn ich Dich echt und erwachsen herausfordere, werde ich durch Dich in einer ähnlichen Weise herausgefordert. (Es kann ja sein, daß meine Art, etwas zu sehen, sich überlebt hat und nicht mehr in unsere Zeit paßt, oder daß ich etwas aus Angst tue, weil es mir in Teilen meines Lebens noch an Befreiung fehlt.) Darauf will ich mich einlassen. Merkst Du jetzt, daß ich das anders sehe als vor zwei Jahren?

Verstehst Du aber trotzdem, wie mir zumute war, als Du die Dinge beiseite zu legen schienst, die mir und all die Jahre vorher auch Dir wichtig waren, und damit Dein eigenes Leben ruiniertest? So habe ich es damals gesehen, und darum habe ich mich so eingesetzt. Heute begreife ich, daß meine »Erziehung« eigentlich zu Ende war, nur habe ich es nicht gesehen. Ich begreife jetzt, daß ich 17 Jahre hatte, um Dir das zu vermitteln, was mir wichtig war und was ich vom Leben begriffen hatte. Aber ich wollte dann diese Zeit noch verlängern, ich wollte Dir eben nicht nur die Alternativen vorstellen, sondern auch gleich für Dich mitentscheiden, damit du die »richtige« Entscheidung treffen würdest. Du hattest ein Recht, Dich dagegen zu wehren. Erst später habe ich begriffen, daß ich Gefahr lief, Dich gerade durch meine Bevormundung in etwas hineinzutreiben, das Du selbst auch nicht wolltest, nur weil ich Dir durch meine Bevormundung die echte Freiheit zu wählen genommen hatte.

Ich will mich weiter im Loslassen üben. Ich spüre in mir immer wieder den Hang, in dein Leben einzugreifen. Wenn ich es merke, halte ich mich zurück und entdecke dann manchmal, daß ich manche Aspekte Deines Lebens eigentlich gar nicht verstehe und schon darum nicht eingreifen kann. Ich bin dabei zu lernen, daß Du in einer anderen Welt lebst als ich, auch wenn wir nebeneinander gehen, wenn wir dieselben Bücher lesen oder zusammen ein Fernsehprogramm ansehen. Du bist die nächste Generation, die ich nie sein kann. Und alles Einempfinden reicht nicht aus.

Ich argumentiere jetzt nicht, daß Du etwas anders hättest machen sollen, nur weil ich Dich liebte und meine Handlungen aus Liebe geschahen. Ich glaube, daß ich Dir heute so schreiben kann, hat wenig damit zu tun, daß Du jetzt manches überlegter tust als vor zwei Jahren. Ich glaube wirklich, daß es mir jetzt gelingt, Dich Dir selbst mehr zu überlassen. Das hat für mich auch etwas Befreiendes an sich – ich bin nun nicht mehr verantwortlich für Deine Entscheidungen. Du mußt sie jetzt allein fällen, auch wenn Du manchmal vielleicht sogar möchtest, daß ich wieder für Dich entscheide (ich erinnere Dich an das Gespräch der letzten Woche bezüglich Deiner Freundschaft mit Irene). Ich will Dir weiter eine Gesprächspartnerin sein, aber Dir die Entscheidungen überlassen, und ich glaube, daß es mir gelingen wird.

Nun respektiere ich Dich und Deine Entscheidungen, auch wenn ich in manchem anderer Meinung bin. Ich begreife, daß Du auch das Recht hast, Deine eigenen Fehler zu machen und aus ihnen zu lernen. Ich kann es akzeptieren, auch wenn es schmerzt, wenn ich in Deinen Überlegungen manchmal kaum noch vorzukommen scheine.

Ich mache mir auch nicht mehr so viele Vorwürfe, daß ich versagt habe. Ich habe Dir das mitgegeben, was ich konnte, was ich wichtig fand, und nun bist Du dran, daraus etwas zu machen – oder es vielleicht auch einfach zu vergessen, weil es nicht in Deine Welt und Weltanschauung paßt. Ich bin ja ähnlich mit dem Gedankengut meiner Eltern umgegangen. Nur scheint es immer viel schwerer zu sein, dasselbe dann mit den eigenen Kindern zu erleben.

Ich will unsere langsam wachsende Beziehung nicht mit meiner Kurzsichtigkeit gefährden. Ich wünsche mir im Laufe der nächsten Jahre, daß es uns beiden gelingt, als erwachsene Menschen miteinander umzugehen, unabhängig von unseren Rollen als Tochter/Mutter, in einer Freiheit, die uns glücklich macht.

Mutter oder Barbara, wie Du willst

Die verlorenen Jahre

Wie viele Kinder bleiben an ihre Eltern gefesselt, weil diese sie nie wirklich entlassen haben in ihre eigene Freiheit. Zwar haben die Eltern sie zur Freiheit erzogen, haben von ihnen erwartet, daß sie ihr eigenes Leben in die Hand nehmen und ihre Lebensentscheidungen treffen, doch wenn sie es dann tun, dann scheint es manchmal eine kaum zu vergebende Handlung gegen die Eltern zu sein.

Je nachdem, wie alt das Kind ist, fällt dann die Tiefe der Verletzung aus, und diese Verletzung kann das Kind an die Eltern oder an ein Elternteil binden, selbst wenn die Eltern sterben.

Liebe Vera,

es ist jetzt 20 Jahre her, daß ich mich zu meiner dummen Tat habe hinreißen lassen. Du weißt sicherlich, was ich meine. Damals habe ich Dich aus dem Haus gesetzt, weil Du mir nicht gehorsam warst. Ich weiß, daß 20 Jahre eine sehr lange Zeit ist, aber ich hoffe, daß es nicht schon zu spät ist, die damalige Konfrontation zwischen uns noch einmal anzusehen.,

Ich möchte vorweg sagen, daß ich mich nicht erklären möchte, um die Schuld von mir abzuwälzen und Dir zu sagen, daß ich nicht anders konnte. Das mag sogar zum Teil stimmen, aber das ist nicht der Grund meines Schreibens. Ich möchte Dir heute sagen, wie leid es mir tut, daß ich damals so gehandelt habe. Und es tut mir noch mehr leid, daß ich solange gewartet habe, Dir dieses zu sagen. Ich bin nun 72, und manchmal meine ich, daß wir in unserer Beziehung durch mein Warten wertvolle Zeit verloren haben. Ich weiß auch, daß Du nichts anderes tun konntest, als auf mich zu warten. *Ich* habe damals das Vertrauen zwischen uns zerbrochen, und es hat all die Jahre an mir gelegen, es wieder aufzubauen. Das möchte ich mit diesem Brief beginnen, und ich hoffe, daß Du mir diese Chance noch gibst. Es würde mein Alter auf wunderbare Weise verschönern. Und wenn Du es nicht tun kannst, dann werde ich Dir keinen Vorwurf daraus machen. Du hast das Recht, Dich so zu verhalten, wie es Dir möglich ist, und doch bitte ich Dich, mich anzuhören.

Wir haben uns in den Jahren, seitdem ich Dich hinausgeworfen habe, weil Du Dich nicht meinen Wünschen entsprechend verhalten hast, oft gesehen, aber wir haben uns über meinen Rausschmiß nie mehr unterhalten. (Doch, laß mich das Wort »Rausschmiß« ruhig gebrauchen, es entspricht dem, was ich mit Dir getan habe, und ich will es weder vor mir selbst noch vor Dir beschönigen.) Manchmal meinte ich, Du habest mir vergeben und es vergessen. Aber dann habe ich doch auch wieder Deine Distanz gemerkt, besonders, wenn ich etwas von Dir erwartet habe, was Du mir nicht mehr geben brauchtest, wahrscheinlich nicht mehr konntest und wolltest. Dann wußte ich, daß das, was damals geschehen war, noch nicht vorbei war. Aber ich war zu stolz und zu verbogen, um mir und Dir das einzugestehen. Das tue ich jetzt.

Ich möchte jetzt noch einmal zurück zu der Zeit, als es passierte. Ich bat Dich damals, wenigstens zwei Abende zu Hause zu sein, damit unser Untermieter, der sehr an Dir interessiert war, Dich bessser kennenlernen konnte. Du warst nicht an ihm interessiert, und darum hast du Dich geweigert, Dich an meinen Wunsch, der dann später ein Gebot wurde, zu halten. Ich weiß jetzt, daß die ganze Situation nur der Auslöser eines bereits lange laufenden stillen Kampfes zwischen uns beiden war. Wenn es wegen dieser Sache nicht passiert wäre, dann wäre es durch etwas anderes gekommen. Irgendwann und irgendwie wären wir aufeinandergeprallt, und das hat mit mir zu tun.

Ich bin mit dem Verständnis aufgewachsen, daß Gehorsam sehr wichtig ist. Meine Mutter hat manchmal zu mir gesagt: »Lieber ein totes als ein ungehorsames Kind.« Das habe ich tief in mich aufgenommen und Euch Kindern dann auch weitergegeben. Aber genauso stark in mir war seit meiner Jugend der Wunsch, frei und unabhängig zu sein. Du weißt, daß ich mit 16 mein Elternhaus verlassen und mich dann allein durchgeschlagen habe. Schon bald war ich selbständig, weil es mir schwerfiel, unter jemand anderem zu arbeiten, besonders wenn dieser Mensch mir im Grunde nicht gewachsen war. Das war mein Zug zur Freiheit, und diesen Zug habe ich Euch Kindern auch mitgegeben.

Dadurch muß ich Euch in eine starke Spannung gebracht haben. Ich habe Euren Gehorsam erwartet und Euch gleichzeitig eine Selbständigkeit vorgelebt und diese auch von Euch erwartet. Es muß Euch manchmal schier zerrissen haben, und Dich am meisten, weil Du das Kind warst, das diese Dinge besonders ernst genommen hat. Das habe ich damals nicht verstanden, aber es war weniger mein Unverständnis als mein Stolz, der uns am Ende getrennt hat. Ich will Dir erklären, wie ich zu dem Schluß gekommen bin.

Als Du Dich mir widersetzt hast, war ich zunächst aufgebracht. Ich forderte Gehorsam, auch als Du damals schon 19 Jahre alt warst. Ich hätte wissen müssen, daß es jetzt an der Zeit war, diesen Gehorsam nicht länger zu fordern und eine neue Ebene mit Dir zu entwickeln, nämlich die des Vertrauens. Das Fordern des Gehorsams war die eine Seite, aber gleichzeitig gab es damals auch eine andere Regung in mir.

Stell Dir vor, ich war auch ein wenig stolz, daß Du Dich mir widersetzt hast! Ich hatte das Empfinden, Dich zu einem starken, eigenständigen Menschen erzogen zu haben, der mir jetzt entgegentrat. In dem Moment merkte ich die Zerrissenheit in mir, die Ihr sicherlich oft erlebt habt. Aber ich bin ihr leider nicht nachgegangen. Ich habe sogar die Stimme, die mit Stolz Deine Eigenständigkeit entdeckte, unterdrückt, bis ich sie nicht mehr hörte und nur noch Deinen Ungehorsam sah. Das war mein Fehler. Genau an der Stelle hätten wir Freunde werden können. Und das habe ich im Ansatz damals gemerkt. Ich hätte Dich in die Arme schließen und frei reden lassen können, ohne Dich unter Druck zu setzen durch meine Wünsche und Gebote. Hätte ich es doch getan!

Jetzt sind 20 Jahre vergangen, und Du bist mir fremder geworden, als es nötig gewesen wäre. Ich habe teuer bezahlt für meinen Stolz. Ich habe mich damals von Dir abgekehrt, nicht Du Dich von mir. Du hast mich geehrt, gerade dadurch, daß Du mir nicht gehorsam warst. Du hast das getan, was ich im Tiefsten von Dir erhofft habe, nämlich selbständig zu sein, und ich habe Dich dafür bestraft. Und dann hast Du mich all die Jahre so ernst genommen, daß Du meine Bestrafung nicht einfach übergangen hast. Du hast Dich mir nicht genähert, als wäre alles in Ordnung zwischen uns. Du hast ausgehalten, was ich Dir ausgeteilt habe. So haben wir beide durch meinen Stolz verloren.

Wie oft wünschte ich um Deinetwillen, daß ich anders gehandelt hätte, aber fast noch mehr um meinetwillen, denn ich hätte durch Dich ein reicheres Leben haben können. Du hättest mir zu dem Gegenüber werden können, von dem ich so wenig in meinem Leben gehabt habe.

Ich merke gerade, daß ich schreibe »werden können«, und ich sollte doch schreiben, »Du warst mir in dem Moment, als Du Dich widersetztest, so wie Du es tatest, ein Gegenüber«.

Daß ich es nicht eher geschafft habe, den Weg zu Dir zu finden, hängt auch mit meinem Stolz zusammen. In den 20 Jahren habe ich bewußt und unbewußt von Dir erwartet, daß Du Dich mir irgendwann beugen würdest. Aber ich weiß auch, daß ich enttäuscht gewesen wäre, wenn Du Dich entschuldigt hättest für Deine damalige Entschiedenheit. So habe ich wieder das Unmögliche von Dir erwartet.

Du bist jetzt fast 40, und ich weiß, daß diese Handlung sehr verspätet kommt, aber vielleicht kannst Du sie nicht in erster Linie Deinetwegen annehmen, sondern meinetwegen. Höre in dem, was ich sage, nicht irgendeine autoritäre Stimme von mir.

Ich will keinerlei Macht über Dich ausüben, wie ich

es früher getan habe. Ich weiß, daß meine Stimme Dir für Deine Lebensorientierung nicht wichtig ist, und ich will hiermit auch keinen Versuch machen, meine Stimme für Dich wichtig zu machen. Ich möchte lediglich das nachholen, was ich vor 20 Jahren versäumt habe. Darum hoffe ich, daß Du diesen Brief bis zu Ende liest.

Ich möchte Dich ganz bewußt ermuntern, Deinen Weg mit aller Entschiedenheit zu gehen, auch dann und vielleicht gerade dann, wenn dieser Weg gegen das geht, was ich für richtig halte. Ich will Deine Entscheidungen nicht mehr verantwortlich machen für meine Liebe zu Dir. An meine Liebe sollen keine Bedingungen mehr geknüpft sein. Und wenn ich Dich nicht verstehe, dann will ich nicht auf irgendein Recht auf Erklärung pochen oder von Dir erwarten, daß Du so handelst, daß ich Dich verstehe. Ich will mit tiefen Respekt Deinen Weg ehren. Ich weiß, daß Du Deinen Weg gefunden hast, trotz mir. Jetzt bin ich dran zu begreifen, daß mein Weg immer nur mein Weg war und Du Deinen eigenen Weg hattest.

Ich will nicht um Entschuldigung bitten, daß ich Dich zu etwas zwingen, Dein Leben regieren wollte. Es wäre zu einfach, das mit einer Entschuldigung aufzuheben, was ich getan habe. Aber ich möchte mit aller Kraft, die noch in mir steckt, Dich zur Selbsttreue ermuntern. Und nichts wäre schöner für mich, als jetzt in meinem Alter Dir noch einmal ganz neu begegnen zu können, um darüber zu staunen, was aus Dir geworden ist. Ich vermute, daß ich da auf Reichtümer stoßen würde, derer ich mich selbst all die Jahre beraubt habe. Dies ist nicht der Wunsch eines sentimentalen alten

Mannes, sondern eines Menschen, der sein Leben ordnen möchte und der sich wünscht zu wachsen.

Ich unterschreibe diesen Brief nicht mit »Vater«. Ich finde es nicht passend. Nicht passend, weil ich meine Position als Vater so mißbraucht habe vor 20 Jahren, und nicht passend, weil wir uns jetzt als zwei erwachsene Menschen begegnen, die nicht mehr in erster Linie durch ihre Rollen und Positionen verbunden sind.

Ich möchte Dein Freund werden. Gibst Du mir eine Chance?

Gerhard

Ich nehme Dich in Deinem Wesen an

Die Spannung, die zwischen Schwiegermutter und Schwiegertochter bestehen kann, ist oft belächelt und bewitzelt worden. Und doch wird in dieser Beziehung auch sehr viel gelitten. Das Leid wird nicht nur auf einer Ebene ausgelöst, sondern durch die komplexe Beziehung, die der Sohn meistens zur Mutter hat, wird auch die Beziehung zwischen der Mutter und der Schwiegertochter viel komplexer, als es erst erscheinen mag. Die beiden Frauen werden erst zueinander finden, wenn auch die Beziehung zwischen Mutter und Sohn geklärt wird. Direkt und indirekt kann der Sohn den Konflikt zwischen den Frauen auslösen und *aufheben.*

Liebe Margret,

noch vor einigen Jahren hätte ich nicht geglaubt, daß ich diesen Brief einmal schreiben würde. Aber ich merke, wie nötig er jetzt geworden ist. Ich schreibe ihn aber nicht nur, weil es nötig ist, sondern weil ich es wirklich will. Ich beginne etwas über unsere Beziehung zu verstehen, das ich früher nicht für möglich gehalten hätte. Du hast das, was ich jetzt langsam entdecke, oft genug angedeutet, aber ich habe es nicht wahrhaben wollen.

Als Du Martin geheiratet hast, haben wir Dich in unsere Familie aufgenommen. Das hat sicherlich auch damit zu tun gehabt, daß Deine Familie am anderen Ende des Landes wohnte und Ihr dort nur selten zu Besuch sein konntet. Üblich ist es ja sonst, sagt man, daß der Sohn mehr zur Familie seiner Frau tendiert. Ich war natürlich froh, daß Ihr so bei uns sein konntet. Ich weiß, daß ich damals oft gesagt habe, daß ich nicht einen Sohn verloren, sondern eine Tochter gewonnen habe. Vielleicht stimmte an diesem Satz schon etwas nicht. Ich höre jetzt in dem Satz zuviel Besitz.

Als Eure Kinder dann kamen und Ihr zu einer ganz eigenen Familie wurdet, haben ja Deine und meine Spannungen begonnen. Auch wenn das jetzt über zehn Jahre her ist, erinnere ich mich doch genau an die Zeit. Erst bist Du mir ausgewichen, dann ich Dir. Dann haben wir so getan, als gäbe es die Spannung nicht. Wir haben gelächelt, die besten Torten fabriziert, einander beschenkt, uns nach unserem Wohl erkundigt und vieles mehr. Nur wirklich geredet haben wir nicht. Ich möchte Dir heute sagen, daß das in erster Linie an mir gelegen hat. Das habe ich in letzter Zeit begriffen. Du hast mir damals ja einige Male gesagt, daß Du Dich von mir nicht wirklich angenommen fühltest. Ich habe es abgestritten und viele Gegenbeweise aufgezählt, um Dir zu zeigen, daß es nicht so war. Du hast dann gesagt, daß es Dir nicht um Handlungen gehe, daß Du es schon zu schätzen wüßtest, was wir alles für Dich und Deine junge Familie täten, daß es aber um eine ganz tiefinnere Haltung gehe. Ich habe das nicht verstanden und sicherlich auch nicht verstehen wollen. Heute meine ich es zu verstehen.

Du weißt, daß ich eine enge Beziehung zu Martin

gehabt habe, als er klein war, auch noch, als er ein Teenager wurde. Er war mir oft Gesprächspartner, wenn mein Mann unterwegs war. Wir konnten uns über vieles unterhalten. Als Du dann erschienst, habe ich mich für ihn gefreut, weil Du mir gefielst. Ich habe Dich gern gehabt. Aber etwas anderes ist auch passiert. Ich habe Martins tiefe Liebe zu Dir gespürt und Angst gehabt, daß ich ihn ganz an Dich verlieren würde. Das habe ich mir nicht eingestanden, weil ich ja so aufgeklärt war, daß *mir* das nicht geschehen würde. Ich hätte es als lächerlich empfunden, wenn mir damals jemand gesagt hätte, daß ich eifersüchtig auf meine Schwiegertochter sei. Weil ich so fortschrittlich sein wollte, gerade darum konnte ich nicht sehen, was in mir geschah.

Ich habe meine Eifersucht so getarnt, daß ich selbst sie nicht zu glauben brauchte. Ich habe sie verdrängt, indem ich Dir gegenüber besonders aufmerksam war und versucht habe, eine besonders gute Schwiegermutter zu sein. Ich habe alle, auch mich selbst, davon überzeugen können, nur Dich nicht. Jetzt verstehe ich, daß gerade die besondere Art Zuwendung Dich besonders unter Druck gesetzt hat, denn sicherlich meintest Du Dich dafür bedanken und sie in gleicher Weise erwidern zu müssen. Und ich war natürlich auf meine stille Weise empört über Deine Undankbarkeit und Deine Ablehnung dieser Zuwendung. Jetzt verstehe ich, daß Du Dich trotz meiner Handlungen nicht angenommen gefühlt hast. Und Dein Gefühl hat gestimmt. Ich habe Dich nicht angenommen, weil Du zwischen Martin und mich gekommen bist. Du hast mich mit Deiner andersartigen Liebe zu Martin herausgefordert, und ich konnte mit dieser Herausforderung nicht umgehen.

Ich weiß jetzt, daß es eine Ablehnung der Andersartigkeit eines Menschen gibt, die so tief und wenig greifbar ist, daß man kaum darüber reden kann. Sie liegt in der Luft, sie schwingt im Ton der Rede mit, sie bestimmt gewisse Gesten, sie ist Teil von Entscheidungen, aber man kann sie nie wirklich fassen. Sie drückt sich nicht deutlich in Handlungen aus, so daß man einen Finger darauf legen könnte und sagen: Da ist sie, die Ablehnung. Und doch ist sie da. Sie geht direkt von Seele zu Seele, ohne den Umweg über den Kopf, den Verstand. Sie bezieht ihre Macht und Langzeitgewalt von ihrer Unterschwelligkeit. Da bin ich an Dir schuldig geworden. Durch meine Pflichterfüllung, durch meine Treue, durch meine Christlichkeit habe ich mir ein Leben und Selbstverständnis aufgebaut, in dem ich meine Ablehnung von Dir nie anzusehen brauchte.

Weil ich es so von hinten herum gemacht habe, hat es so lange gedauert, bis ich es selbst gemerkt habe. Es tut mir leid, und ich bitte Dich um Entschuldigung. Ich weiß, daß das die Jahre des Schmerzes nicht aufhebt, aber vielleicht können wir auf meinem neuen Verständnis etwas aufbauen, das uns froher miteinander macht. Ich möchte es versuchen, wenn Du mir die Chance gibst.

Ich begreife jetzt, daß ich meinen Sohn nie besessen habe. Er war mir nur vorübergehend anvertraut. Ich habe darum keine Rechte an ihm, und er schuldet mir nichts, weder Liebe noch Erklärungen. Und letztlich habe ich nicht über sein Leben zu befinden. Das soll sich jetzt nicht so anhören, als wäre ich unzufrieden mit ihm, das bin ich nicht. Aber auch wenn ich es wäre, würde ich jetzt mit meiner neuen Einsicht warten, bis er mich einlädt, meine Meinung zu sagen. Die Rechte, die ich meinte einmal zu haben, nur weil ich seine Mutter war, die lasse ich jetzt los. Und in dem Maße, wie ich das kann, merke ich eine wachsende Offenheit Dir gegenüber. Ich trage Dich jetzt als meine Freundin in mir, nicht mehr als Rivalin, auch nicht als Person, der ich etwas sagen oder deren Leben ich zurechtrücken müßte. Ich merke, wie ich Dich ganz frei in mir lasse, und darum sehne ich mich nach einer Beziehung, die ganz anders sein könnte als unsere Beziehung bisher.

Ich bin Dir jetzt dankbar, daß Du so anders bist als ich, daß Du Dir selbst treu geblieben bist und daß diese Andersartigkeit eine Herausforderung für Martin bedeutet, so daß er über das hinausgelangt, was er bei mir lernen konnte. Ich nehme Dich jetzt nicht nur an, sondern ich freue mich über Dich und hoffe, daß diese Veränderung auch in der Tiefe meines Wesens geschieht, so daß Du es wirklich merken kannst, in meiner Sprache, in meiner Gestik, in meinen Entscheidungen. Ich hoffe, daß Du jetzt das Angenommensein so tief in Deiner Seele spürst, wie Du vorher die subtilen Formen der Ablehnung gespürt hast.

Ich wünsche mir einen neuen Lebensabschnitt mit Dir. Ich wünsche mir eine direkte Beziehung zu Dir, die nicht über Martin laufen muß. Ich wünsche mir, daß wir uns ohne unsere Rollen als Schwiegermutter und Schwiegertochter begegnen können. In dem Sinne möchte ich Dir anbieten, daß Du mich mit Vornamen nennst.

Ich grüße Dich als Anna

Sehnsucht nach wirklicher Begegnung

Wir leben fast alle in Verwandtschaftbeziehungen. Wir haben Onkel, Tanten, Nichten, Neffen, Familien von Schwägern und Schwägerinnen, Omas und Opas, Verwandte um drei Ecken. Wir sind doch alle eine glückliche Familie, oder? Meistens nicht, oder oft nur, wenn wir uns nicht so zeigen, wie wir wirklich sind. Wir nehmen dann die Rollen an: ein dankbarer Sohn, eine zuvorkommende Schwiegertochter, die lustige Tante, der erfolgreiche Schwager, der bekannte Onkel, die selbstlose Schwiegermutter, die Verwandten aus Amerika, die Oma, die die fantastische Blitztorte backt, der verlotterte Schwippschwager, die ewige Studentin. Wir haben unsere Rollen gelernt, und einer kennt des andern Rolle. Wir sind vorhersagbar.

Dann kommen die Familientreffen, die runden Geburtstage, die Silberhochzeiten, die Goldenen, die Beerdigungen, wo wir alle erscheinen sollen. Und wir erscheinen und spielen unsere Rollen, und einer ist mit dem anderen zufrieden oder auch unzufrieden, aber man hat's wieder einmal überlebt und hoffentlich niemanden bitter enttäuscht.

Aber hat man es tatsächlich überlebt? Wie viele von uns tragen schwer an den Mißständen in unseren Familien? Wie lange geht uns manchmal eine Feier noch nach, weil wir uns danebenbenommen haben, indem wir ehrlich waren, oder wo wir ganz klar durchgefallen sind aus einem Grund, den wir nicht verstehen. Oder wo wir doch nicht so ganz voll zählen, weil wir eben der angeheiratete Teil der Familie sind, oder wo man uns nachsagt, daß wir etwas Besseres sein wollen, nur weil wir eine andere Meinung vertreten haben. Und wie viele Gespräche werden jeden Abend des Jahres irgendwo geführt zwischen enttäuschten Ehepartnern, weil der Mann sich doch wieder von seiner Mutter gegen seine Frau hat ausspielen lassen, oder zwischen Eltern und Kindern, weil die Enkel den Großeltern nicht genug Ehrerbietung haben zukommen lassen, oder zwischen erwachsenen Geschwistern, die einer den anderen anklagen, von den Eltern vorgezogen zu werden?

Oder wie viele Menschen sind einfach nur unglücklich nach einem solchen Abend, wissen aber nicht warum, fühlen sich nur unbehaglich in ihrer eigenen Haut und überlegen, ob sie das nächste Mal überhaupt gehen? Gehen dann aber doch immer wieder treu und brav, wenn es von ihnen erwartet wird, fühlen sich weiter unbehaglich und hilflos und finden keine Lösung für ihr Dilemma.

Haben wir überlegt, wer wir in Bezug zu unseren Verwandten sind und wie wir mit diesen Verwandten leben wollen? Vielleicht ist der Grund für unser Unbehagen letztlich doch wieder in unserer eigenen Unklarheit zu suchen. Wir leben zu unbewußt und werden dann gelebt. Wir wissen nicht, was wir wollen, und dann weiß es jemand anders für uns. Wir haben uns vorher nicht genug Gedanken gemacht über eine Feier und wundern uns dann, wenn uns an dem Abend nichts spontan einfällt und wir das tun, was die anderen von uns erwarten, anstatt uns selbst treu zu sein.

Liebe Verwandte,

ich weiß, daß in einem Monat wieder unser Familientreffen ist. Die Vorbereitungen dazu laufen schon. Weil ich mich bei unserem letzten Treffen sehr unwohl gefühlt habe, überlege ich nun, ob ich diesmal wieder kommen werde. Ich habe mich so unwohl gefühlt, weil es zu keinem wirklichen Gespräch gekommen ist. Immer wieder, wenn der Moment zu einem guten Gespräch gekommen schien, ging es daneben. Meistens fuhr jemand dazwischen und hat alle Möglichkeiten zerstört. Ich weiß nicht, ob das bewußt gemacht worden ist oder nicht. Manchmal schien es mir bewußt zu sein, als hätte die Person Angst vor einem Gespräch mit mehr Tiefgang. Dann wieder schien es unbewußt – jemand fiel etwas ein, und diese Person äußerte es undiszipliniert, ob es gerade paßte oder nicht.

Ich merke auf unseren Treffen, wie viel einfach zugedeckt wird. Es gibt eine Menge Probleme unter uns: schwierige Ehen, Not mit Kindern, Arbeitslosigkeit, Umbrüche in Glaubensfragen, Spannungen zwischen einzelnen und noch so manches andere. Das könnte alles doch irgendwie angesprochen werden. Ich glaube, es würde uns näher zueinander bringen, gerade weil es zum Teil auch schmerzhafte Probleme sind. Aber wir tun so, als gäbe es das alles nicht. Wir lachen laut, loben die Torten, bewundern die Erfolge von einigen, reden über Politiker und andere Menschen (die uns viel weniger angehen, als die Anwesenden es tun) und kehren den Rest unter den Teppich. Ich merke, wie komisch ich mich dabei verhalte. Ich bin unecht, weniger sensibel. Ich mache bei manchem mit, was mir ganz fremd ist, nur weil ich auf dem Treffen bin, wo eine gewisse Art angesagt ist. Und am Ende mag ich mich nicht mehr, weil ich mich von mir selbst und dem, was mir wichtig ist, entfernt habe. Ich weiß nicht, ob sich jemand von Euch manchmal auch so fühlt.

Ich sage mit alledem nicht, daß Ihr Euch anders verhalten sollt oder daß unsere erweiterten Familientreffen anders abgehalten werden sollen. Ich weiß nur, daß ich nicht mehr daran teilnehmen werde, wenn sie in dieser Art ablaufen. Es paßt einfach nicht zu mir, und manchmal habe ich den leisen Verdacht, daß manche von Euch sich auch nicht wohl fühlen. Besonders mag ich nicht den leicht ironischen Ton, der immer aufzukommen scheint, wenn wir alle zusammen sind. Meistens gehen die Gespräche in diesem Ton auch auf Kosten Abwesender – irgendeiner wird lächerlich gemacht, nicht besonders bösartig, aber doch nicht ernst genommen. Oder es wird das wiederholt, was schon so oft gesagt worden ist. In der einen Ecke sitzen die, die zu einem gewissen Thema das wiederholen, was sie letztes Jahr schon gesagt haben. In einer anderen Ecke wiederholt sich ein Streitgespräch. Wir denken nichts Neues, wenn wir zusammen sind. Wir versuchen nicht wirklich, einer auf den anderen zu hören. Dabei sind wir eine Gruppe mit vielen verschiedenen Begabungen und Interessen. Wir könnten ein wirklich reiches Zusammensein schaffen.

Manchmal scheint mir unser Treffen wie von einer ganz tiefen, unterschwelligen Verzweiflung betroffen zu sein. Wir sind eine Gruppe enttäuschter Menschen, die nicht über ihre Enttäuschung reden, die durch oberflächliches Gerede versuchen, sich diese Enttäuschung vom Hals zu halten. Da möchte ich nicht mehr mitmachen, besonders weil ich überzeugt bin, daß wir gerade aus dem Schweren, das es unter uns gibt, ganz neue Ansätze zum Leben entwickeln könnten.

Ich bitte Euch nun, versucht nicht, mich wieder »zurückzugewinnen«. Ihr braucht kein Mitleid mit mir zu haben. Mir geht es gut, auch ohne das Familientreffen. Mir geht es sogar besser, als wenn ich komme und die Rolle annehme, in der ich mich nicht wohl fühle. Ich will mit diesem Brief auch niemandem ein schlechtes Gewissen machen wegen der Familientreffen. Ich sehe Euch fast alle irgendwann mal im Jahr einzeln, und das finde ich besser, weil wir dann mehr Zeit haben, miteinander zu reden und aufeinander zu hören. Wenn es aber vielen von Euch so geht wie mir, dann wäre zu überlegen, ob wir nicht etwas verändern sollten. Ich bin jederzeit bereit, darüber zu reden.

Matthias (Onkel, Neffe, Bruder, Cousin, Schwager usw.)

Du bist mir fremd

Unter Menschen gibt es Konstellationen, die schwer zu verstehen sind. Da hat ein Vater einen Sohn, der in ihm eine tiefe Abneigung hervorruft. Der Vater hat sich auf den Sohn vor der Geburt gefreut. Und schon bald nach der Geburt beginnt die Abneigung. Der Sohn scheint alles anders zu machen, als der Vater es erwartet hat. Die Ungehaltenheit beginnt, und als der Sohn älter wird, beginnt bei ihm das Gefühl, dem Vater nie ganz genügen zu können. Ein schmerzhafter Prozeß des Einander-immer-fremder-Werdens findet statt. Es scheint keine Lösung zu geben, als möglichst früh getrennte Wege zu gehen.

Vielleicht ist es auch nicht Abneigung, sondern einfach Unfähigkeit eines Elternteils, mit diesem Kind wirklich Kontakt zu schließen. Es gibt dafür theologische, psychologische, soziologische und philosophische Gründe, aber sie reichen nicht aus, um den furchtbaren Schmerz aufzuheben. Oft reichen sie noch nicht einmal aus, um es miteinander auszuhalten.

Es mag auch so sein, daß der Vater sich selbst diese Abneigung nicht eingesteht. Das kann sich dann so ausdrücken, daß er viel am Sohn zu bemängeln hat. Dieses Bemängeln ist eine Möglichkeit, vor seiner eigenen Unzulänglichkeit zu flüchten. Der Vater meint, der Sohne gebe ihm ja durch seine Art genug Gründe, ihn nicht mehr zu mögen. Der Sohn ist also schuld an dem Mißverhältnis. Nur löst das nichts, sondern macht die Situation noch schlimmer.

Was kann da helfen? Vielleicht ist es auch hier, wie so oft, angebracht, direkt und offen über die Not zu sprechen (zu schreiben), die ohnehin beide merken. Es wäre gut, wenn der Vater (vielleicht ist es auch eine Mutter) es wagen würde, den ersten Schritt zu gehen. Vielleicht kann es durch das geteilte Leid einen Weg zueinander hin geben. Es ist einen Versuch wert.

Lieber Jens,

ich will heute den sicherlich schwersten Brief meines Lebens schreiben. Ich sage, daß ich es will. Ich wünschte, es wäre nicht nötig. Ich wünschte so sehr, daß es eine andere Möglichkeit gäbe, aber ich habe sie bisher nicht gefunden. Darum heute dieser Brief.

Ich will es gleich offen sagen: Ich habe viel Mühe mit Dir und Deiner Art. Es hat schon sehr früh begonnen. Vor der Geburt habe ich mich auf Dich gefreut, und meine Freude war doppelt groß, als Du dann ein Sohn warst. Vielleicht hätte ich da schon aufmerken müssen und mich fragen müssen, warum es mir wichtig war, daß Du ein Junge warst. Du warst schon als kleines Kind sehr still, und ich wußte damit nicht richtig umzugehen. Ich weiß auch nicht, was ich mir vorgestellt habe von einem Kleinkind. Jetzt rückblickend, merke ich, daß ich damals durch eine Enttäuschung ging, aber ich konnte es mir nicht eingestehen. Vielleicht hatte es auch nichts mit Dir zu tun. Vielleicht habe ich mir einfach etwas vorgestellt, was es nicht gibt.

Schwieriger wurde es aber dann, als Du vier und fünf

warst. Ich habe damals nicht viel verstanden von meinen Reaktionen und noch weniger von Deinen. Ich weiß nur, daß ich mir meinen Sohn anders vorgestellt habe. Ich kann noch nicht einmal sagen, was ich anders wollte. Vielleicht warst Du manchmal etwas zu weich. So hätte ich es damals gesagt. Heute weiß ich, daß das mit Deiner Sensibilität zu tun hatte. Aber ich habe mich manchmal geschämt, daß Du so weich warst. Erst später habe ich gemerkt, daß ich da auf das Bild meines Vaters reagiert habe. Er war das, was man einen »richtigen Mann« nennt, und ich habe viele Jahre ein ähnliches Ideal vertreten.

Es kann auch sein, daß ich etwas in Dir gesucht habe, was ich nicht finden konnte, weil ich es letztlich in mir selbst suchen und finden muß. Ich habe also etwas von Dir für mich erwartet, was Du als Kind nie geben konntest.

Auch heute ist das alles noch nicht ganz weggegangen. Manchmal scheint es mir, als lebten wir in zwei ganz unterschiedlichen Welten. Du in Deiner, ich in meiner. Dann bist Du mir fremd. Selbst wenn ich es versuche, kann ich nicht so denken wie Du. Aber das geht mir manchmal auch mit anderen Menschen so. Vielleicht ist das das Schicksal des Menschseins.

Aber ich will mich dadurch weder aus der Verantwortung herausreden noch mein Leben davon bestimmen lassen. Ich habe gewisse Entscheidungen getroffen, nach denen ich mich richten will. Ich möchte sie Dir auflisten:

1. Ich will nicht mehr etwas von Dir erwarten, das ich mir selbst schaffen oder geben muß.
2. Ich will Dich nicht immer mit meinen Erwartungen

unter Druck setzen. Es ist verletzend, ungerecht und entwürdigend.

3. Ich will versuchen, Dich besser zu verstehen, nicht um Dich dann zu verändern, sondern um mein Leben von Dir bereichern zu lassen.
4. Ich will akzeptieren, daß auch Vater und Sohn so unterschiedlich sein können, wie wir es sind, und mich nicht darüber ärgern oder Dich oder mich beschuldigen. Ich will mich über jede wirkliche Kommunikation und jede echte Begegnung mit Dir freuen, anstatt immer davon auszugehen, daß es mehr geben müßte.
5. Ich will das Geheimnis, das Du als Person bist, wahren und es ehren.
6. Ich will nicht so tun, als gäbe es keine Unterschiede zwischen uns.
7. Ich will Dich auch wissen lassen, wie jetzt in diesem Brief, daß ich darunter leide, daß wir manchmal innerlich so weit voneinander entfernt sind.

Ich weiß, daß ich manchmal unnötig hart mit Dir gewesen bin, und ich hoffe, daß Du mir das verzeihen kannst. Mit Dir habe ich die Begrenzungen meiner Persönlichkeit so stark gespürt wie durch nichts anderes im Leben.

Ich wünsche Dir ein reiches Leben und Menschen, die Dich besser verstehen als ich und Dich wirklich schätzen. Ich ahne, daß das möglich ist, auch wenn ich es nicht von Herzen kann, weil ich Dich nicht verstehe.

Vater

Wir laden Euch zur Offenheit ein

An der Eltern-Kinder-Beziehung gibt es einen Aspekt, den es sonst in keiner Beziehung gibt: Die Eltern kennen ihre Kinder gewöhnlich von Geburt an, sehen sie also in der absoluten Hilflosigkeit des kleinen Kindes, in der Entwicklung vom Kind zum Jugendlichen, im Gefühlschaos der Pubertät und später dann als Erwachsene, die ihnen selbst ähneln und mit denen sie sich in erstaunlicher Weise über alles mögliche unterhalten können.

Für viele Eltern ist es schwer, diese Veränderung ihrer Kinder wirklich mitzuvollziehen. Wie leicht kann es da geschehen, daß Eltern und/oder Kinder eine dieser Phasen fixieren und der Beziehung nicht erlauben, über diese Phase hinauszuwachsen! So gibt es Eltern, die ihr Elterndasein darin sehen, daß sie immer alles besser wissen und verstehen als ihre Kinder; immerhin war es ja einmal so, und so muß es bleiben. Oder die Beziehung bleibt direkt oder indirekt eine, in der Gehorsam gefordert wird – wenn die Kinder erwachsen sind, spricht man zwar nicht mehr über Gehorsam, sondern über »die Eltern ehren«, was aber oft auf dasselbe hinausläuft.

Vielleicht könnte es darum für manche Eltern-Kinder-Beziehungen hilfreich sein, wenn die Eltern den Kindern signalisieren, daß sie diese wirklich als Erwachsene sehen, daß sie ihnen nicht nur zugestehen, sich wie Erwachsene zu äußern, sondern sie dazu einladen und es sich für ihr eigenes Wohl wünschen, von ihren Kindern zu hören, wie diese die Welt sehen. Viele Eltern beteuern, daß sie ihre Kinder lieben, aber nur wenige fragen sie wirklich nach ihrer Meinung, nach ihren Gefühlen, nach ihren Einstellungen zu gewissen Fragen und Problemen. Darum ist es für Kinder gar nicht so selbstverständlich, daß sie von ihren Eltern wirklich als Erwachsene gesehen werden.

Liebe Heike und Dagmar,
lieber Frank und Christoph,

ein Brief an Euch alle vier. Kurios? Wir kommen mit einer Bitte, die wahrscheinlich komisch klingt. Wir möchten Euch einladen, offener mit uns zu sprechen. Ihr dürft jedes Thema anschneiden und habt jederzeit die Möglichkeit zu sagen, daß Ihr unsere Antworten im Augenblick nicht hören wollt. Von uns aus braucht es keine Tabuthemen zu geben.

Wir wollen versuchen, nicht mit fertigen Urteilen zu kommen, sondern bei jedem Thema, das Ihr als einzelne, zu zweit, zu dritt oder zu viert anschneidet, wirklich zu hören, warum Euch das interessiert und wie Ihr es seht. Wir hoffen, daß es uns gelingt.

Wir verfolgen keinen Geheimplan mit diesem Angebot. Wir wollen intensiver an Eurem Leben teilnehmen, nicht nur um Euretwillen, sondern auch um unseretwillen. Wir wollen nämlich lebendig und informiert bleiben. Noch gehören wir nicht zum alten Eisen. Wir merken, daß Ihr uns helfen könntet, die Gegenwart, die Welt, in der Ihr mehr zu Hause seid als wir, besser zu verstehen. Auch meinen wir, daß manches nur zu verstehen ist, wenn sich mehrere zusammentun und die Probleme gemeinsam reflektieren, angefangen bei den großen Fragen, die die ganze Welt betreffen, bis hin zu den zwischenmenschlichen Fragen und Überlegungen, die für unsere Familie wichtig sind.

Wir wollen auch nicht Eure Geheimnisse auf diesem Weg von Euch erfahren. Ihr könnt entscheiden, über was Ihr nicht reden wollt. Aber wir hoffen, daß Ihr Eure Entscheidung, zu reden oder nicht zu reden, wegen Euch trefft und nicht wegen uns. Wir wollen nicht geschont werden. Wir wollen auch uns selbst und unsere Beziehung von Euch befragen lassen. Ihr könnt Eure Scheu ablegen.

Wir möchten ab jetzt nicht mehr in erster Linie Eure Eltern sein, sondern zu Euren Freunden zählen. Natürlich sind wir ein bißchen alt dafür, aber ein paar ältere Freunde sollte jeder haben, finden wir. Wir versprechen Euch, daß wir nicht zu allen Euren Parties kommen wollen. Ich braucht also keine Angst zu haben, daß wir zu sehr in Euer Leben einbrechen. Wir werden auch nicht so tun, als ob wir Euer Alter wären, und wir hoffen, daß Ihr nicht so tut, als wäre bei uns sowieso schon alles zu spät.

Wir wollten Euch auch nicht sagen, daß wir mit unserer Lebenserfahrung etwas zu bieten haben. Entweder habt Ihr das schon gemerkt, und dann brauchen wir es Euch nicht zu sagen, oder Ihr habt es noch nicht gemerkt, und dann hilft es auch nicht, wenn wir es jetzt sagen.

Wir haben den Brief zusammen geschrieben, weil wir uns einig waren über dieses Angebot. Das bedeutet doch auch schon etwas, oder? Wir hoffen, daß Ihr unser Angebot und unsere Anfrage ernst nehmt und unsere Gespräche dadurch belebt werden. Wir können uns kaum etwas Schöneres vorstellen, als mit Euch in einem wirklichen Kontakt zu bleiben, bis in unser Alter hinein.

Eure Eltern
oder Ulrike und Arnold (wenn Ihr wollt)

Liebe, Ehe, feste Beziehungen

Für viele Menschen ist die Ehe Quelle des größten Glücks und/oder Quelle des tiefsten Leides. Wer sich mit einem anderen Menschen über eine lange Zeit so tief einläßt und bereit ist, sein Leben mit diesem Menschen zu teilen, geht ein sehr großes Risiko ein. Diese Zuwendung, dieses Versprechen und Engagement stellen große Anforderungen an beide Partner. Die Ehe und jede kontinuierliche, feste Beziehung ist ein Balanceakt zwischen Härte und Weichheit, zwischen Opfer und Selbstverwirklichung. Die Partner in einer festen Beziehung merken, wie wichtig es ist, an sich selbst zu denken und dabei doch auch die Bedürfnisse des anderen in gleicher Weise ernst zu nehmen. Wegen dieser Nähe und des Aufeinander-Geworfenseins ist vieles auch so heikel – das ganze Leben des einzelnen hängt drin und dran. Darum ist es so wichtig, eine Form des Umgangs zu finden, die dem einzelnen erlaubt, echt zu leben und doch dadurch nicht die Beziehung zu zerstören.

Oft gibt es Engpässe in der Ehe und in festen Beziehungen, die durch Sprechen nicht zu überwinden sind. Vielleicht hat es einfach damit zu tun, daß wir uns in einem Gespräch so schnell heißreden und dann nicht mehr wirklich hören können. Das Gespräch wird zu einem Schlagabtausch, und weil wir das nicht mehr wollen, beginnen wir über manches zu schweigen. Aber das Verschwiegene kann uns trennen, besonders wenn es nur einen der beiden intensiv beschäftigt und der/die andere davon nichts weiß.

Die Prämisse hinter den folgenden Briefen ist der Gedanke, daß sich eine Ehe, eine feste Beziehung verändert und daß wir offen sein müssen für diese Veränderung. Sonst halten wir etwas fest, an dem wir sterben und das wir eigentlich schon verloren haben. Oder einer bevormundet den anderen und verhindert normales, echtes Wachstum. Dann wäre der Preis, nämlich die Erhaltung der Ehe, zu hoch.

Die Briefe dieses Kapitels sind Notizen an einen Partner, aber weil sie nicht unterbrochen werden können, haben sie eine bessere Chance, so aufgenommen zu werden, wie sie gedacht worden sind. Der, der sie formuliert, hat die Möglichkeit, so genau wie möglich zu sagen, was ihn beschwert, was er sich anders wünscht und was er selbst bereit ist zu tun.

Etwas so zu sagen, wie man es fühlt, aber dabei Worte zu finden, die der andere noch hören kann und die ihn nicht abstellen, das ist die Kunst. Sich weder auf der einen noch auf der anderen Seite den Weg zu verbauen; nicht durch überaus große Aggressivität alle Türen zuzuschlagen, aber auch nicht so zurückgenommen zu sein, daß die innere Enge noch verstärkt wird. Sich selbst treu zu bleiben und dabei dem anderen noch die Möglichkeit zur Veränderung zu lassen, das ist das Kunststück. Den ganzen Ernst aufzeigen, aber dabei nicht in Hoffnungslosigkeit zu verfallen, das kann die Wendung der Not bringen.

Ich hatte Angst, gefangen zu sein

Immer weniger Menschen heiraten die Person, die ihre erste große Liebe war. Das heißt, viele trennen sich nach diesem einschneidenden Erlebnis und heiraten später jemand anders. Wie wurde die erste Beziehung beendet? War es verständlich für beide, warum es nicht weiterging? Oder blieb einer der beiden tief verletzt zurück? Beschwert dieser ungeklärte Abbruch einen oder beide in zukünftigen Beziehungen?

Liebe Anne,

sicherlich bist Du überrascht, von mir Post zu bekommen, jetzt nach über zehn Jahren, aber ich habe schon lange gespürt, daß es wichtig wäre, Dir zu schreiben. Ich hoffe, daß Du diesen Brief ohne Ärger lesen kannst.

Es geht um die Art, in der wir uns damals getrennt haben. Erinnerst Du Dich noch an die Zeit, die wir zusammen waren? Sie war sehr intensiv, und dann bin ich plötzlich gegangen. Heute möchte ich erklären, warum ich so abrupt gegangen bin und warum es mir damals nicht gelungen ist, es Dir zu erklären.

Als wir uns kennenlernten, war ich 20 und stand großäugig vor dem Leben. Ich war gespannt, was ich aus meinem Leben machen würde. Ich hatte mir noch nicht viele Gedanken über Beziehungen und noch weniger über Ehe gemacht. Als ich Dir begegnete und mich in Dich verliebte, öffnete sich eine ganz neue Welt für mich. Zwar hatte ich schon öfter von der Liebe geträumt, aber jetzt erlebte ich sie. Ich merkte bald, daß Du über Liebesbeziehungen viel mehr nachgedacht hattest und klarer als ich wußtest, was Du wolltest. Zunächst war das für mich gut, und ich habe viel von Dir gelernt.

Aber bald betraf unsere Beziehung mich so, daß sie in einer Weise in mein Leben eingriff, auf die ich nicht vorbereitet war. Du sprachst mich an auf meine Einstellung zu Dir und auf eine gemeinsame Zukunft. Erst fand ich es gut, diesen Gedanken nachzugehen, aber mit der Zeit merkte ich den Ernst, mit dem Du an diese Fragen herangingst, und ich bekam Angst. Ich kann es nur sehr schwer erklären, selbst heute verstehe ich die Regungen von damals nicht alle. Ich spürte, mehr als ich es mir erklären konnte, daß ich mit einer festen Bindung zu Dir, im Sinne eines Versprechens oder einer Ehe, meine Freiheit verlieren würde. Das mag Dir übertrieben klingen, und auch auf mich wirkt es heute noch so. Aber damals konnte ich keine andere Alternative sehen. Ich war nicht reif genug, um mit dem umzugehen, was auf mich zukam. Ich war nicht fähig, mit Dir an einer guten Beziehung zu bauen, die dann eventuell zur Ehe hätte führen können. Ich sah schon in den ersten Anzeichen einer festen Bindung etwas, das mir angst machte und für das ich mich darum nicht entscheiden konnte.

Ich glaube, Deine Intensität, Dein tiefer Wunsch, zu heiraten und eine Familie zu gründen, den ich heute besser verstehe als damals, hat diese Angst dann noch in mir verstärkt. Es kam etwas auf mich zu, das mir einfach zu groß war. Soviel Verantwortung, soviel Erwachsensein! Ich fühlte mich plötzlich jünger, als ich war, und der Forderung der Situation nicht gewachsen. Auch wenn ich bei unserer Trennung 21 war, fühlte ich mich manchmal noch wie 17 oder 18.

Dazu kam dann das wachsende Gefühl, daß ich Dich irgendwie betrog, wenn ich Dir nicht genau sagte, wie ich das Ganze erlebte und wie ich mich fühlte. Und doch konnte ich Dir nicht erklären, was in mir vorging, weil ich es selbst nicht wirklich verstand. Darum bin ich gegangen. Ich habe es so kurz gemacht, weil ich weder Dich noch mich mit einem langen Abschied unnötig verletzen wollte. Vielleicht war das kurzsichtig von mir. Auch das war sicherlich ein Ausdruck meiner Begrenzung. Vielleicht wäre es für uns beide einfacher gewesen, wenn wir mehr geredet hätten. Aber selbst das verunsicherte mich schon, weil ich dachte, Du könntest mich überreden, weiter mit Dir zu bleiben.

Ich weiß, daß manches – aus dem Rückblick gesehen – jetzt seltsam klingt. Aber das war damals meine Wirklichkeit. Heute würde mir das vielleicht nicht mehr so passieren.

Das Gefühl, mein Leben zu verlieren, wenn ich heirate, hatte ich auch später, als ich meine Frau kennenlernte, aber ich war inzwischen gewachsen und konnte mit diesem Gefühl besser umgehen und es etwas mehr verstehen. Ich habe dann auch festgestellt, daß ich in der Ehe nicht gefangen bin. Ich habe meine Freiheit nicht verloren. Sie blieb mir erhalten, und ich habe noch allerhand dazugewonnen.

Ich schreibe Dir dies alles, weil Du sicherlich damals

auch an Dir selbst gezweifelt hast und ich Dir heute sagen möchte, daß ich Dich auch noch weiter mochte und oft über den Bildern gesessen habe, die ich von uns hatte. Du warst eine ganz wichtige Person in meinem Leben, und wenn ich Dich einige Jahre später kennengelernt hätte, kann ich mir vorstellen, daß wir geheiratet hätten. Aber das war nicht unser Weg. Ich hoffe, daß Du mir mein abruptes Weggehen über die ersten Trennungsschmerzen hinaus nicht nachgetragen hast. Ich habe mich manchmal noch schlecht gefühlt, aber im Laufe der Jahre gelernt, zu meinen Begrenzungen von damals zu stehen und mich nicht für sie zu schämen.

Wenn in Dir noch irgendwelche Bitterkeit ist, dann bitte ich Dich, mir für meine Handlungen von damals zu verzeihen. Ich wollte Dich nicht verletzen, wußte aber nicht, wie ich das anstellen konnte, ohne unehrlich und mir selbst untreu zu sein.

Jetzt freue ich mich, daß ich Dir diesen Brief geschrieben habe. Mir ist es leichter dadurch geworden. Es ist mir, als könnte ich jetzt freier in die Vergangenheit sehen. Du mußt mir nicht antworten, aber wenn Du es möchtest, werde ich Deinen Brief mit Interesse lesen und ihn sicherlich auch beantworten.

Ich möchte Dir auch noch danken, daß ich durch Dich gelernt habe, Beziehungen und die damit verbundenen Gefühle wirklich ernst zu nehmen. Die Zeit mit Dir war eine wichtige Vorbereitungszeit für mein Leben.

Thomas

Was bist Du bereit, für uns einzusetzen?

In der ersten Liebe ist es für einen der beiden manchmal leicht, die Beziehung so zu gestalten, daß der andere nichts zu tun braucht. Und es fällt kaum auf. Der aktive Partner ist in seiner Begeisterung für beide aktiv. Wenn wieder etwas mehr Abstand in der Beziehung gewonnen wird, beginnt sich der Unterschied zu zeigen. Der aktivere der beiden spürt nun die Leere, die manchmal von seinem Gegenüber kommt, und er beginnt an dem anderen zu zweifeln. Dann ist es Zeit für klare, offene Worte, zu denen gegenseitig Stellung genommen werden kann. Diese Direktheit ist besser, als zu hoffen, daß sich alles schon in der Zukunft geben wird.

Lieber Florian,

jetzt bin ich eine Woche hier in den Bergen. Ich bin nur allein gewandert, habe oft stundenlang auf den Bergwiesen gelegen, den Kuhglocken gelauscht und an unsere Beziehung gedacht. Schon am zweiten Tag kam mir der Gedanke, Dir zu schreiben. Ich wollte gleich anfangen, merkte aber bald, daß zuviel in mir noch unklar war. Aber jetzt bin ich soweit.

Wir gehen jetzt schon ein Jahr miteinander. Nach dem anfänglichen Glück, nach der schönen Illusion, die vielleicht bei uns nicht ganz so lange angehalten hat wie bei anderen Paaren (weil ich sie zerstört habe, indem ich ich war), haben wir eine Art Umgang miteinander gefunden, der mich manchmal an ein Ehepaar erinnerte, das schon 30 Jahre verheiratet ist und sich in einer unguten Weise aneinander gewöhnt hat. Wir haben unsere Rollen entwickelt und sie gespielt. Zu diesen Rollen gehörte eine, die ich in diesem Brief ansprechen möchte, weil sie für mich unlebbar ist.

Ich habe die Rolle, Gespräche zu beginnen, das Neue zu denken, es nicht mehr auszuhalten, wenn etwas zwischen uns nicht stimmt, die Grenzen unserer Beziehung zu setzen und die wichtigen Entscheidungen, was uns betrifft, zu treffen. Deine Rolle ist es, meine Vorschläge zu übernehmen, vielleicht auch mal dagegen zu reden, aber insgesamt das, was ich sage oder tue, nicht zu erweitern oder vertiefen. Es ist Deine Rolle, nicht etwas Neues zu beginnen. Du sprichst viel von Deiner Zufriedenheit und manchmal von meiner Unzufriedenheit. Du bist stolz auf Deine Bescheidenheit und siehst darin Deine stärkste Tugend.

Ich habe das oft auch so gesehen, aber in letzter Zeit zunehmend weniger. Ich möchte es Dir jetzt erklären. Aber vorweg will ich sagen, daß Du ein Recht hast, so zu sein und so zu leben. Ich will Dich also mit dem, was ich jetzt sage, nicht verändern. Aber ich merke zunehmend häufiger, daß ich mit Dir zusammen bin in der Hoffnung, daß Du Dich einmal ändern wirst. Wenn ich daran denke, daß wir einmal heiraten werden, dann immer unter dem Gesichtspunkt, daß Du einmal stärker in unserer Beziehung initiieren wirst. Ich stelle mir dann vor, daß Du spontaner sein wirst, geistig und seelisch unzufriedener, daß Du stärker nach mehr im Leben suchen wirst. Daß Dich Fragen, Schwierigkeiten und Ungerechtigkeit umtreiben werden und vieles mehr. Wenn ich so ein Bild von Dir entwickelte, dann konnte ich mir vorstellen, Dich zu heiraten, weil Du dann schon fast zu dem geworden warst, den ich mir vorstellte. Nur warst Du in Wirklichkeit nicht so.

In dieser stillen Woche habe ich festgestellt, daß die Entwicklung eigentlich genau in die andere Richtung geht. Du hast Dich daran gewöhnt, daß ich es bin, die Leben in unsere Beziehung bringt. Du bist mir dafür dankbar, weil es, wie Du sagst, »nicht Deine Stärke ist«. Und ich merke zum ersten Mal deutlich in der Geschichte unserer Beziehung, daß mir das zu wenig ist. Indirekt habe ich es Dir schon oft gesagt. Du hast meine Unzufriedenheit erlebt, und manchmal, wenn ich ungehalten war, hing es mit diesem Thema zusammen, ohne daß ich es so klar hätte sagen können.

Ich will auch nicht verantwortlich sein, daß Du dieses lernst. Ich will Deine Partnerin sein und nicht Deine Lehrerin. Vor allem will ich nicht eine Beziehung schon so beginnen, daß ich Veränderungspläne für meinen Partner habe. Vielleicht stand im Hintergrund auch meine Überlegung, daß ich nicht so wählerisch sein sollte – vielleicht gibt es ja keinen Mann, der das Leben so von innen und mit dieser Intensität angeht. Aber in dieser Woche hier habe ich gemerkt, daß ich dann lieber allein leben möchte.

Ich beende hiermit unsere Beziehung. Ich weiß, daß Dich das sicherlich schockieren wird. Andererseits habe ich ja von Anfang an Versuche unternommen, genau diesen Mißstand anzusprechen und etwas in Dir zu mobilisieren. Du hast das nicht so ernst genommen, meintest, das Gefühl ginge bei mir wieder vorbei und ich würde schon sehen, was ich an Dir habe. Florian, ich weiß, was ich an Dir habe, gehabt habe, und ich bin Dir dankbar für die vielen Geschenke innerer und äußerer Art, die ich von Dir bekommen habe. Aber keines davon ist auch nur annähernd groß genug, um dieses Loch in unserer Beziehung zu stopfen, und ich weiß, daß dieses Loch in Zukunft noch größer werden wird. Dafür habe ich schon genug Ehen gesehen, in denen es die Frau ist, die weiterwächst, und der Mann hindert ihr Wachstum durch seine Unbeweglichkeit oder Gleichgültigkeit, die dann oft Zufriedenheit genannt wird. Ich sehe meine Aufgabe nicht darin, Dich aus Deiner Ruhe aufzustöbern, besonders nicht, weil wir noch nicht einmal verheiratet sind. Ich fände es auch nicht fair, Dich mit diesem Wunsch unter Druck zu setzen, Dich zu ändern. Ich hätte Angst, daß Du Dich wegen mir veränderst oder um mich nicht zu verlieren, nicht, weil Du darin etwas Lebenswichtiges für Dich selbst siehst. Und das wäre zuwenig.

Ich bin zu einem oder auch mehreren Gesprächen bereit. Aber nur, um Dir noch genauer zu erklären, worum es mir geht, nicht, um mir Deine Versuche, mich umzustimmen, anzuhören. Ich merke, wie wichtig es ist, dieser Klarheit in mir nachzugehen und diesmal nicht nachzugeben. Ich habe es schon zu oft getan und damit unserer Beziehung nicht gedient, auch wenn Du das gedacht hast.

Bitte denke nicht, daß diese Trennung leicht für mich ist. Dafür habe ich zu viel in unsere Beziehung hineingesteckt und sie auch immer wieder genossen. Auch bin ich ein sehr loyaler Mensch, ich laufe nicht weg und halte meistens durch, auch wenn es schmerzhaft ist. Aber in unserer Situation merke ich, daß diese Handlung jetzt wirklich nötig ist, wenn wir uns nicht den Rest des Lebens aufreiben wollen. Ich glaube, daß ich vieles übersehen und mich in vielem umstellen könnte, aber nicht, was diese Grundeinstellung dem Leben gegenüber betrifft.

Kathrin

Wenn ich Dir nicht genug bin...

Eine Beziehung kann auf die Dauer nur bestehen, wenn sie aus einer gesunden Mischung von Herausforderung und Ermunterung besteht. Da, wo die Herausforderung permanent fehlt, wird das Gegenüber verwöhnt. Und wo die Ermunterung fehlt, wird die Beziehung zu einer Quälerei. Wir halten es nicht aus, nur immer kritisch betrachtet zu werden.

Weil unser Selbstbildnis stark von denen geprägt wird, mit denen wir viel zusammen sind, ist es gerade wichtig, daß unser Lebenspartner uns nicht ein einseitiges Bild von uns gibt. Keiner von uns ist weder nur unangenehm, ungenügend, nicht ausreichend noch nur angenehm, vollkommen und erfolgreich. Wir sind Kombinationen. Darum leiden wir auch aneinander, aber das gehört zu jeder festen Beziehung, besonders wenn Offenheit und Direktheit praktiziert werden.

Liebe Adelheid,

als wir vor 15 Jahren geheiratet haben, da habe ich Deine Herausforderung an mich wie eine Mutprobe angenommen. Ich hatte schon damals das Empfinden, daß Du hohe Ansprüche hattest, denen ich aber gerecht werden wollte. Ich *wollte* es, ich wollte Dir zeigen, daß ich das erreichen und schaffen konnte, was Du Dir von mir gewünscht hast.

Inzwischen ist nun viel passiert, und ich bin dabei, aufzugeben, Dich zufriedenzustellen. Es geht dabei um wenig Faßbares. Es ist schwer zu beschreiben, aber ich spüre, daß ich Dir nie genüge, egal, was ich tue. Jetzt bin ich an dem Punkt, daß ich mich kaputtmachen werde, wenn ich weiter versuche, Deinen ausgesprochenen und besonders auch den unausgesprochenen Forderungen gerecht zu werden. Ich merke, wie mein Versagen in Deinen Augen mir immer mehr die Sicherheit nimmt und ich an all meinen Fähigkeiten zu zweifeln beginne. Dann höre ich in mir: »Du bist ein Versager.« Und es reicht nicht aus, meine Sicht gegen Deine zu setzen. Dafür ist Deine Stimme und Dein Wesen zu allgegenwärtig.

Ich überlege nun, ob das wirklich etwas mit mir zu tun hat, oder ob es etwas in Deiner Persönlichkeit ist, was sich da immer wieder bemerkbar macht. Mir ist, als könntest Du gar nicht wirklich den Fortschritt, das Gute, das Erreichte, das Glück und den Erfolg sehen. Mir scheint, als müßtest Du immer gleich Dein Augenmerk auf das legen, was noch fehlt, was nicht gut ist, was noch unterentwickelt ist. Und da gibt es natürlich auch an mir vieles, was zu bemängeln wäre. Und so erlebe ich Dich besonders in letzter Zeit wie eine ständige Mahnung, wie eine Lehrerin, die ihrem Schüler ein »nicht ausreichend« aushändigt. Ich bin nicht ausreichend und habe das Empfinden, daß ich nie ausreichend sein werde, ganz gleich, was ich leiste.

Ich kann die verschiedenen Bereiche unseres Lebens durchgehen. Wenn Du darüber klagst, daß wir uns etwas nicht leisten können, dann höre ich, daß es Dir Mühe macht, daß ich nicht mehr verdiene. Dabei hast

Du das von Anfang unserer Ehe gewußt; ich verdiene jetzt wesentlich mehr als damals und als man gewöhnlich in meinem Beruf verdient. Oder ich spüre an Dir, daß ich Dir nicht intelligent genug bin – ich verstehe etwas nicht gleich und bin auch da ungenügend. Oder ich begegne unseren Freunden nicht freundlich genug – dabei haben sie damit wenig Mühe, nur Du denkst, wir könnten sie verlieren. Du klagst darüber, daß ich nicht genug mit Dir unternehme. Aber schon als wir heirateten, habe ich Dir gesagt, wie wichtig mir meine Zeit allein ist, weil ich sie brauche, um mich innerlich aufzuladen. Selbst wenn ich Dir zugewandt bin, klagst Du darüber, daß ich Dich nicht genug beachte.

Ich weiß, daß ich nicht vollkommen bin. Ich bin jederzeit bereit, meine Unzulänglichkeiten und Begrenzungen anzusehen und mit Dir zu besprechen. Vielleicht können wir auch zusammen nach Lösungsmöglichkeiten suchen, wie ich etwas besser machen kann. Aber ich habe nicht mehr das Empfinden, daß es überhaupt darum geht. Kann es sein, daß Du diese Ausflüchte brauchst und mich so anklagst, damit Du diese Dinge nicht in Dir allein entwickeln mußt? Vielleicht bist Du nur unzufrieden mit mir, um es nicht mit Dir sein zu müssen.

In diesem »Ungenügend-Sein« spüre ich eine Ablehnung meiner ganzen Person. Deine Unzufriedenheit bezieht sich nicht nur auf die eine Sache, die gerade passiert ist, sondern auf das Leben mit mir. Kann es sein, daß Du ganz zutiefst mit mir unzufrieden bist? Daß Du unzufrieden mit Dir bist, weil Du mich geheiratet hast und Dich jetzt nicht dazu stellen willst; anstatt Dich zu fragen, warum Du mich damals geheiratet hast, mir jetzt lieber die Schuld gibst und mich einfach ungenügend findest? Gerne würde ich mit Dir darüber reden, weil es so nicht weitergeht, wenigstens nicht für mich. (Es höhlt mich zu sehr aus, und ich finde es von Monat zu Monat schwerer, mit einem Menschen zusammenzuleben, der mich als ungenügend empfindet. Es legt sich auf mich und auf mein Selbstverständnis.)

Vielleicht finden wir ja eine Lösung, an die wir bisher nicht gedacht haben. Wenn Du tatsächlich so unzufrieden bist mit mir, dann mußt Du in der nächsten Zeit entscheiden, was Du mit diesen Gefühlen machen willst. Für mich ist es wichtig, daß Du in Dich gehst und entdeckst, was Du willst.

Ich weiß, daß ich Dich immer noch liebe, aber ich manchmal eine Grenze in meiner Liebesfähigkeit erreiche, wenn Du mich so indirekt und verhalten ablehnst und abtust. Wenn Du das fast zu belächeln scheinst, was ich in meinem Beruf leiste, wie ich die Welt sehe, wie ich reagiere, wie ich bin. Ich erlebe dann, daß Du den Blick für meine Qualitäten verloren hast. Du bist ein Bündel Unzufriedenheit, und ich bin in Deinen Augen ein Bündel Versagen.

Ich kenne das Gefühl der Enttäuschung, daß das Leben so anders geworden ist, als wir es früher geträumt haben. Aber ich glaube, daß das vielen Menschen so geht, vielleicht allen. Das ist der Verlust der Illusion. Für mich scheint es jetzt wichtig zu sein, wie ich damit umgehe. Ich will nicht mehr den Illusionen nachhängen und mir von ihnen die Gegenwart verderben lassen.

Auch Du bist anders, als ich Dich damals erlebt habe. Aber ich mache mir keine Vorhaltungen, daß ich manches an Dir damals nicht gemerkt und Dich geheiratet habe. Es war ein wichtiger Schritt in meiner Entwicklung. Ich glaube, daß das seinen tiefen Sinn gehabt hat und daß es wichtig war, daß ich *Dich* geheiratet habe, auch wenn wir jetzt manchmal hart an uns arbeiten müssen. Ich bin bereit dazu.

Kannst Du Dir vorstellen, Deine Unwilligkeit loszulassen und das anzusehen, was wir haben? Wir sind reich, auch wenn uns noch vieles fehlt und es intelligentere, reichere, lustigere, flottere Männer als mich gibt. Darum geht es doch, oder? Ich meine, es geht um die echte Zuwendung und die Entschiedenheit, immer wieder einen Weg zum anderen zu finden. Ist diese Entschiedenheit nicht das Größte, was wir besitzen? Ich meine: ja.

Ich hoffe, daß ein Neubeginn noch möglich ist.

David

Ich könnte gehen

Jede Beziehung muß gepflegt werden, sonst wird sie langweilig, verkümmert und stirbt. Oft versteht dies einer in einer Beziehung besser als der andere und versucht sich dementsprechend einzusetzen. Er pflegt, sorgt sich, hofft, trägt, entwickelt, übt Phantasie, während der andere diesen Einsatz nur konsumiert. Auf die Dauer ist das eine Rollenteilung, in der die Beziehung nicht ihr Potential erreicht oder gar daran zerbricht.

Lieber Harald,

ich wünschte, daß ich diesen Brief schon vor zehn Jahren hätte schreiben können. Aber da war mir vieles noch nicht klar. Ich verstand mich selbst und unsere Beziehung nicht gut genug. Ich mache mir selber darum auch keine Vorhaltungen, daß ich ihn nicht früher geschrieben habe. Das war meine Begrenzung. Heute bin ich weiter und sehe klarer, und dieser Brief ist ein Ausdruck davon.

Du weißt, daß ich bisher immer gesagt habe, ich würde unsere Ehe nicht verlassen, daß mir das Versprechen, daß ich Dir vor über 20 Jahren gegeben habe, heilig ist und daß ich generell in Trennung keine Konfliktlösung sehe. Mit diesem Brief möchte ich nun über diese Aussagen hinausgehen (nicht hinter sie zurück, wie Du vielleicht denken magst, nachdem Du diesen Brief gelesen hast). Ich kann mir vorstellen, mich von Dir zu trennen. Ich kann mir vorstellen zu gehen.

Ich habe die Briefform für diese Begegnung mit Dir gewählt, damit Du zunächst nichts entgegnen kannst und damit es mir gelingt, wirklich das zu sagen, was in mir ist, und nicht auf Dich zu reagieren mit Worten, die ich vielleicht gar nicht meine. Ich habe Dir diesen Brief darum auch ausgehändigt, als ich auf dem Weg aus dem Haus war. Du hast jetzt drei Tage, bis ich wiederkomme. Du kannst Dir überlegen, was ich meine.

Bitte verstehe diesen Brief nicht als ein Ultimatum. Ich will Dich nicht unter Druck setzen. *Unsere Situation enthält Druck.* Mit diesem Brief möchte ich sie lediglich ansprechen. Ich weiß, daß der, der am Status quo rührt, immer als der Böse erscheint. Ich bin bereit, die »Böse« zu sein, weil es um viel mehr als gut und böse geht. Ich will nicht ein Image von mir erhalten, dafür ist mir dieses ganze Thema viel zu wichtig. Es geht mir um unsere Ehe, und dafür bin ich bereit, viel einzusetzen.

Ich hoffe, daß Du diesen Brief als Einsatz verstehst und nicht als Anklage, auch wenn die klaren Worte wie eine Anklage wirken.

Ich spüre, wie ich langsam in unserer Ehe entwürdigt werde oder mich selbst entwürdige. Ich weiß, daß Du mich nicht schlägst, daß Du mich nicht mit anderen Frauen betrügst, daß Du mich und die Kinder gut versorgt hast. Darum wird es auch schwer sein, Dir deutlich zu machen, was mich entwürdigt und wie wichtig mir eine Veränderung in unserer Beziehung ist. Unsere

Bekannten werden es sicherlich noch weniger verstehen, wenn ich einmal gehen sollte.

Harald, ich erlebe Dich nicht als wirklich anwesend! Für mich bist Du nicht »drin« in Deiner Ehe zu mir. Du bist zwar da, aber Dein Einsatz, aus unserer Ehe etwas zu machen, ist minimal. Du hast Dich daran gewöhnt, daß ich die »Seele unserer Beziehung« bin, wie Du es manchmal Freunden sagst. Du scheinst sogar ein bißchen stolz darauf zu sein, daß Du eine Frau hast, die so die »Seele« sein kann. Früher war ich auch ein bißchen stolz darauf, daß Du stolz auf mich warst. Aber in den letzten Jahren hat sich das sehr geändert, ohne daß Du es vielleicht gemerkt hast. Es ist mir zu wenig geworden.

Ich suche eine Beziehung, die aus zwei Menschen besteht, die sich einander mit ihrem Wesen zuwenden. Ein einzelner kann nur eine Seite der Beziehung zum andern aufrechterhalten, aber es ist dann im besten Fall eine einseitige Beziehung. Ich wünsche mir eine Reaktion von Dir, selbst wenn es Abwehr ist. Ich möchte wissen, woran ich bin. Ich glaube auch, daß viel in Dir drinsteckt, was herauskommen möchte.

Ich erlebe Dich in den letzten Jahren so, daß Du eigentlich fast nichts mehr initiierst in unserer Ehe. Und das, was ich initiiere, scheinst Du meistens nur mitzumachen, weil der Plan von mir stammt und Du mich nicht vor den Kopf stoßen willst. Ich habe dann den Eindruck, als wolltest Du mich nicht betrüben. Aber ich merke den Unterschied ganz klar, ob Du etwas von Herzen tust, weil Du es tun willst, oder ob Du es tust, weil Du meinst, es tun zu müssen. Ich habe oft Deine Rücksicht geschätzt und habe mich auch manchmal darin ausruhen können, aber jetzt brauche ich mehr Offenheit und Direktheit. Ich will wissen, was Du willst. Vielleicht ist Dir dies sogar neu, und darum ist es wichtig, daß ich es Dir schreibe.

Und zunehmend mehr merke ich jetzt Deine Abneigung gewissen Dingen gegenüber. Was Du vor 20 Jahren noch gerne von Dir aus gemacht hast und vor zehn Jahren mir zuliebe, das hast Du vor fünf Jahren dann nur noch widerwillig getan, und jetzt stellst Du Dich dagegen. Natürlich hat sich bei uns viel verändert. Wir sind nicht mehr die, die wir einmal waren. Nur glaube ich nicht, daß es mit dem zunehmenden Alter zu tun hat und so sein muß.

Könnte es jetzt nicht gerade spannend und noch interessanter als früher sein, wo wir doch mehr vom Leben verstehen? Es gibt doch noch ganz neue Dinge zu entdecken; wir haben es nicht nötig, das Alte festzuhalten. Du bist noch nicht 50, aber Du wirkst auf mich wie jemand, der sich innerlich zur Ruhe gesetzt hat und abschaltet. Ich mag mich da vielleicht täuschen, aber dann zeige mir doch, was in Dir steckt. Zeige mir Deine Hoffnung! Formuliere Deine Wünsche und Abneigungen. Ich will nicht ohne Hoffnung und Offenheit für die Zukunft leben. Ich will mich auch noch ändern und Neues entdecken. Manchmal denke ich, daß Du nicht mehr gestört werden willst und nur noch das festhalten willst, was Du früher gedacht, geglaubt und getan hast.

Das ist mir zuwenig. Ich spüre manchmal, daß mein Leben jetzt erst wirklich beginnt. Unsere Kinder sind erwachsen, wir sind aus den gröbsten Schulden, wir haben die Geschichten mit unseren Eltern soweit bearbeitet, daß wir jetzt frei davon leben können. Wir haben jetzt die Hände und den Geist frei, in neues Land vorzustoßen. Und jetzt willst Du Ruhe, sagtest Du mir erst letzte Woche, und ich spüre, daß Du von mir erwartest, daß ich mich auch so verhalte. Aber so will ich nicht leben.

Praktisch erlebe ich das so. Ich habe einen Gedanken, über den ich mich gern unterhalten würde, der Dich aber nicht zu interessieren scheint. Du verziehst Dich hinter fadenscheinige Argumente, zum Beispiel daß Du darüber nichts sagen kannst, weil Du nicht informiert genug bist. Natürlich gibt es immer noch mehr Information, die wir aufnehmen könnten, aber heißt das, daß wir vorher nicht reden können? Oder Du sagst, daß darüber schon bessere Denker nachgedacht haben und zu keinem Schluß gekommen seien. Aber mir geht es nicht um das Endresultat und um allgemeingültige Aussagen, sondern um den Weg, um den gemeinsamen, täglichen Austausch. Oder Du sagst geradeheraus, daß Dir irgend etwas zu anstrengend sei und Du dafür Deine Energie nicht verschwenden möchtest. Auch da sage ich: Die Energie geht nicht in erster Linie in das Thema oder irgendwelche Unternehmungen, sondern in unsere Beziehung. Und das vermisse ich und leide darunter. Auch vermute ich in Dir ein Interesse, weil ich es auch schon erlebt habe. Warum kommt es nicht mehr durch? Was passiert in Dir? Was kann ich tun, daß mehr von Dir zu mir herüberkommt? Wenn es Dir manchmal zu anstrengend ist, wenn ich Dir manchmal zu anstrengend bin, dann verstehe ich das, wir haben unterschiedliche Energiereserven, aber wenn Du das immer häufiger sagst, dann höre ich, daß Dir unsere Ehe zu anstrengend ist und daß Du *da* keine

Energie verschwenden willst. Nur, was haben wir dann noch?

Oder wenn ich vorschlage, daß wir etwas für unser inneres Wachstum tun durch Kurse, Lesen, Bildung im weitesten Sinne, dann findest Du das überflüssig. Du sagst dann, daß man das besser jüngeren Leuten überläßt. Aber den Jüngeren traust Du dann wieder nichts zu, weil ihnen die Lebenserfahrung fehlt. Und so bleibst Du in Klischees stecken, und es tut sich nichts mehr.

Auch hast Du eine Art, mich spüren zu lassen, daß ich vieles übertrieben sehe, daß es eigentlich nicht so wichtig ist, sich für etwas einzusetzen, wenigstens nicht mit dem Engagement, wie ich es tue. Ich glaube, daß heute ein Einsatz wie noch nie gefordert ist, wenn sich wirklich noch etwas verändern soll und wir sinnvolle Wege in die Zukunft finden wollen. Dann reicht Mittelmäßigkeit nicht aus. Ich lebe täglich mit einem Druck in diese Richtung, lerne damit umzugehen und versuche diesen Druck zu gestalten. Meine Versuche, mich Dir mitzuteilen, erscheinen Dir dann übertrieben, aber gleichzeitig bin ich auch davon überzeugt, daß gerade dieser Einsatz, dieses Engagegement, Nahrung für unsere Ehe gewesen ist und weiter sein wird. Hier frage ich mich dann, ob Du mich wirklich ernst nimmst, ob Du merkst, was ich einsetze und wie auch Du indirekt davon lebst.

So ist es gekommen, daß ich manchmal wie eine Aussätzige in meinem eigenen Haus lebe, in meiner eigenen Ehe, nur weil ich mich engagiere, versuche, lebendig zu bleiben, nicht dem Frust und der Ironie des mittleren Alters nachgebe – und nicht eine Haltung einnehme, die auf stille, aber penetrante Weise alles zersetzt und belächelt, aus der Distanz des Besserwissens und Nichts-drum-Gebens. Ich habe manchmal versucht, es mit Dir anzusprechen, aber Du bist ausgewichen, hattest keine Zeit, warst zu müde, wolltest es zutiefst nicht hören, und das gab mir den Eindruck, daß Du keine Veränderung willst. Ich aber brauche Veränderung, nicht um der Veränderung willen, aber weil Veränderung zum Leben gehört. Und dafür brauche ich das Gespräch. Wenn wir weiter zusammenbleiben wollen, dann brauche ich Deine Gegenwart stärker.

Ich möchte es gern noch einmal anders ausdrücken. Mich bewegt eine Leidenschaft zu leben. Ich setze mich mit dem Leben auseinander, ich gebe mich hinein, ich nehme den Kampf auf. Es ist fast wie eine Schwäche, weil ich manchmal nicht anders kann. Ich mache mich mit meinen starken Wünschen verletzbar. Und dann erlebe ich von Zeit zu Zeit, daß Du das fast ausnutzt: Weil ich so engagiert bin, brauchst Du es weniger zu sein. Du kalkulierst schon auf mein Engagement und gebrauchst es so gegen mich. Weil ich so intensiv an unserer Ehe arbeite, kannst Du die Hände in den Schoß legen. So wirkt es jedenfalls auf mich. Da gehe ich an meiner Ernsthaftigkeit fast zugrunde und bekomme dann vielleicht sogar noch Vorwürfe von Dir, daß ich alles so ernst sehe. Aber wenn ich es nicht so sehen würde, was hätten wir dann? Wenn Du eine andere Sicht von dieser Sache hast, dann sage es mir. Ich warte auf Dich.

Ich bin nicht mehr bereit, von Dir belächelt zu werden, auch wenn Du dies manchmal so tief in Dir tust, daß Du es vielleicht selbst kaum wahrnimmst. Das ist die Entwürdigung, von der ich sprach. Ich will mit Deinem Satz »Nimm's doch nicht so ernst« nicht mehr leben.

Ich spüre jetzt, daß der Abstand, der uns trennt, immer größer wird. Ich will mehr, und Du willst weniger. Ich will tiefer eindringen in die Zusammenhänge des Lebens, und Du willst sogar das noch vergessen, was Du einmal gewußt und geglaubt hast. Früher dachte ich, daß es möglich sein müßte, daß zwei Menschen auch unter einem Dach ihren ganz eigenen Interessen nachgehen könnten. Ich glaube das auch heute noch, aber ab einem gewissen Punkt wird es fast unmöglich, wenn der Unterschied zu groß ist. Da reiben sich die zwei auf, durch ihre gegenseitige Andersartigkeit. Sie machen sich das Leben schwer, zu schwer, weil keiner der beiden wirklich frei das leben kann, was er/sie will. Diesen Punkt steuern wir an und werden ihn bald erreichen, wenn wir nicht aufpassen. Darum ist dies für mich ein wichtiger, aber auch heikler Brief, und ich hoffe, daß Du ihn in seinem ganzen Ernst liest.

Die Verharmlosung und sanfte Ironie, die Du häufig praktizierst, sind die größten Feinde für ein wirkliches Engagement mit dem Leben. Diese beiden Haltungen scheinen immer mehr Platz in Deinem Leben einzunehmen. Sie gefährden auch mich. Ich spüre, wenn ich nicht aufpasse, kann auch ich in diese Distanzierung abdriften. Dann ist alles so unendlich relativ, daß es sich nicht mehr lohnt, den kleinen Finger zu rühren. Das ist für mich der Tod.

Komplizierter wird es noch dadurch, daß Du Deine Haltung geistlich verbrämst. Du bildest Dir etwas auf Deine Bescheidenheit ein. Du willst nicht hoch hinaus, sagst Du. Aber ist das nicht nur ein Deckmantel für eine gewisse Denkträgheit? Hast Du die Dinge und Fragen wirklich Gott übergeben, wie Du manchmal behauptest, oder bist Du dabei, sie zu vergessen, um Dir Dein Leben einfacher zu machen?

Ich schreibe Dir dies nicht in erster Linie als Angriff, aber als ein Bekenntnis meiner Not. Doch was sich in letzter Zeit geändert hat, ist, daß diese Not mich nicht mehr unfähig macht zu leben. Ich kann auch ohne Dich mein Leben machen. Aber bisher will ich es noch nicht. Noch gebe ich nicht auf zu glauben, daß aus unserer Beziehung etwas ganz Lebendiges werden kann. Wir können etwas schaffen, was wir noch nie gehabt haben. Wir haben schöne Jahre miteinander verlebt. Aber wir müssen der Verlockung widerstehen, in diese »guten alten Zeiten« zurückzufliehen. Wir können sie nicht neu beleben. Das geht nicht mehr, wir sind jetzt andere, als wir vor 20 Jahren waren. Es wäre Stillstand oder Rückschritt. Wir müssen in unserer jetzigen Situation neues Leben entdecken.

Bin ich Dir in diesem Brief manchmal zu aggressiv und einseitig gewesen, oder habe ich einen lehrhaften Ton angenommen? Es mag sein, aber ich wollte diesmal ganz bewußt nicht überall Dich nur verstehen und entschuldigen, wie ich das manchmal tue, sondern ich wollte Dich Anteil nehmen lassen an dem, was mich sehr tief bewegt und wo ich mich hilflos fühle, wenn Du von Dir aus nicht Schritte unternimmst. Ich wollte in diesem Brief nicht so tun, als stünde ich darüber. Ich möchte Dich schütteln und Dir sagen, daß ganz viel von Dir abhängt. Was wirst Du entscheiden?

Erika

Ich bejahe unsere Unterschiede

In einer engen Beziehung können die Partner sich an ihren Unterschieden aufreiben. Dies passiert besonders dann, wenn einer im anderen aufzugehen wünscht oder wenn man versucht, möglichst alles auf eine ähnliche Weise zu sehen. Man erwartet eine Nähe, die es vielleicht mal zeitweise geben kann, die aber kein Dauerzustand ist. Dann sind die Unterschiede störend, dann laufen die Partner Gefahr, einander oder sich selbst in ihrer Einmaligkeit zu reduzieren, um dieses Anecken zu vermeiden.

Aber wenn wir begreifen, daß wir einander gerade durch unsere Unterschiedlichkeit zum Wachsen herausfordern, dann können wir lernen, einander in unserer Unterschiedlichkeit zu schätzen.

Liebe Monika,

nach unserem Wortgefecht gestern möchte ich Dir heute diesen Brief schreiben und schriftlich etwas ganz anderes ausdrücken, weil dieser ganze Bereich manchmal zu kurz kommt.

Ich möchte Dir sagen, daß ich die Unterschiede zwischen uns bejahe, auch wenn ich manchmal wie ein Löwe gegen Dich kämpfe. Ich kämpfe, um selbst noch zu überleben, um noch an mich glauben zu können. Du erlebst es sicherlich dann so, als wollte ich Dich auslöschen. Das will ich aber nicht. Ich will selbst leben, und sicherlich willst Du es auch und kämpfst darum auf Deine Weise.

Ich bejahe unsere Unterschiede. Ich bejahe Deine Reserviertheit, Dein Zögern, auch wenn es mich manchmal fast verrückt macht. Dann möchte ich Dir zurufen: Warum kannst Du nicht auch mal so schnell begeistert sein wie ich, auch wenn es sich später als vordergründig und oberflächlich herausstellt? Wir müssen ja nicht immer tief und hintergründig sein. Aber wie gesagt, ich schätze Deine Reserviertheit, ohne Dir jetzt genau zu erklären, warum ich sie schätze.

Ich schätze Deine Empfindsamkeit, mit der Du wie ein Seismograph die Mißstände in unserer Beziehung spürst und ihnen nachgehst. Auch wenn ich dann manchmal im Vergleich mit Dir grobschlächtig wirke. Ich habe von Dir gelernt, hinter die Dinge zu sehen und mich nicht vom Äußeren blenden zu lassen.

Ich schätze Deine Hartnäckigkeit, mit der Du Dich nicht so leicht in die Flucht schlagen läßt. Du bist mir ein echtes Gegenüber in unseren Wortkämpfen. Ich muß nicht fürchten, daß Du gleich umfällst, wenn ich Dir sage, wie ich etwas sehe oder was ich von Dir denke.

Ich schätze an Dir, daß Du eine so ungewöhnliche Sicht von Dingen und Menschen hast, daß es mich immer wieder überrascht, wie man alles noch auf eine andere Weise sehen kann. Nachdem ich eine Sache umkreist und alle Möglichkeiten erwogen habe, gibt es doch noch eine andere Sichtweise: Deine. Ich bin dadurch reicher geworden, auch wenn mich das Ungewöhnliche Deiner Sicht manchmal verunsichert hat.

Ich schätze Deine Direktheit, die mich manchmal überrascht, so daß ich keine Antwort auf Deine Fragen weiß.

Ich kann Dich so bejahen, ohne mich dabei auszulöschen, weil uns unsere gemeinsame große Sehnsucht nach einem tieferen Verständnis für das Leben verbindet, auch wenn wir dieser Sehnsucht auf ganz unterschiedliche Weise nachgehen.

Natürlich hoffe ich, daß Du mich genauso bejahst und jetzt auch aufzählen könntest, was Du alles an mir schätzt. Aber ich weiß, Du wirst es zurückhaltender sagen, weil Du Dich nicht in etwas hineinsteigern willst... Du weißt schon. Aber ich habe ja gesagt, daß ich Deine Reserviertheit schätze, darum schätze ich sie auch jetzt. (Aber könntest Du mir nicht trotzdem etwas Schönes sagen, mir sagen, wie sehr Du mich schätzt, vielleicht zur Feier des Tages es sogar übertrieben sagen, daß es mich aus den Schuhen haut und ich all mein Geschätztsein nicht nur mit dem Kopf erlebe, sondern mit meinem ganzen Wesen? Ach Du, das wäre schön. Aber auch wenn Du das nicht...)

Angesichts all dieser Aussagen, traue ich mich auch wieder in den nächsten Kampf mit Dir. Sicherlich werde ich dabei sogar wieder etwas entdecken, das ich schätzen kann.

Eberhard

Ich mußte mich retten

Die Partner in einer Ehe können einander zur Entwicklung helfen oder aber diese Entwicklung füreinander erschweren oder gar verhindern. Kinder sind die unmittelbaren Zeugen dieser Ehe; sie können vieles von dem, was in der Ehe der Eltern geschieht, nicht rational verstehen. Sie erleben es intuitiv und über ihr Gefühl. Es ist darum von großer Wichtigkeit, daß Kinder die Trennung ihrer Eltern auch vom Verstand her begreifen. Dafür sind Gespräche oder Briefe an das Kind nötig.

Wir wissen von psychologischen Studien, daß Kinder sich selbst oft als Grund für die Scheidung der Eltern sehen. Es ist darum wichtig, daß die Eltern den Kindern wirklich erklären, warum sie sich haben scheiden lassen und wie es dazu gekommen ist. Nur wenn das Kind das versteht, kann es auch die Abneigung und Schuldzuweisung dem einen oder beiden Elternteilen gegenüber überwinden. Und das ist nötig, wenn das Kind selbst beziehungsfähig werden will und nicht bei einem Konflikt die Trennung und Scheidung als einzige Konfliktlösung sehen soll. Wenn die Eltern ihre Scheidung verstehen und damit auch ein Stück überwinden, werden die Kinder diese Situation auch positiv bewältigen. Wichtig ist für die Kinder, daß sie verstehen, daß sie nicht schuld sind an der Scheidung der Elternehe.

Lieber Boris,

Du bist jetzt 16 geworden, und ich möchte Dir heute mehr über die Hintergründe sagen, warum Dein Vater und ich geschieden sind. Wir haben ja schon öfter darüber gesprochen, besonders vor fünf Jahren, als alles begann, und Du hast ja damals auch schon vieles verstanden. Aber heute möchte ich Dir die ganz tiefinneren Dinge beschreiben, die mich damals bewegt haben, das zu tun, was ich getan habe.

Alles, was ich Dir schreibe, ist natürlich meine Sicht. Denke daran, wenn Du es liest. Ich will damit nicht Deinen Vater schlechtmachen, aber mir ist es wichtig, daß Du weißt, was damals alles in mir vorging. Ich glaube, wenn Du es besser verstehst, wird es Dich weniger belasten.

Du weißt ja, daß wir geheiratet haben, als Du unterwegs warst. Als Du acht Jahre alt warst und wir über Kinder, Schwangerschaft und Geburt geredet haben, hast Du selbst ausgerechnet, daß Du zwei Monate »zu früh« geboren bist, also sieben Monate nach unserer Trauung. Aber wir haben nicht nur wegen Dir geheiratet, wir *wollten* auch heiraten. Oder genauer gesagt, ich wollte heiraten, um von zu Hause wegzukommen. Ich vermute darum auch, daß ich unbewußt schwanger werden wollte. Ich wollte mir so eine Möglichkeit schaffen, heiraten zu müssen. Ich wollte mich nicht direkt dafür entscheiden, ich wollte mich um die Entscheidung drücken, auch um die Entscheidung, etwas gegen meine Eltern zu tun, auszuziehen und viel entschiedener mein eigenes Leben zu führen. Aber ich hatte damals nicht den Mut zu so etwas. So habe ich es indirekt inszeniert, indem ich schwanger wurde. Meine Eltern haben dann auch nichts gegen unsere Heirat gesagt. Sie waren natürlich »enttäuscht« von mir, besonders weil sie der Überzeugung waren, man solle mit Sex bis zur Ehe warten.

Ich erwähne dies, weil es der so wichtige Anfang unserer Beziehung war. Du warst also nicht unerwünscht, aber ich habe Dich ein wenig »gebraucht«. Viel wichtiger war, daß ich auch Deinen Vater gebraucht habe, um von meinen Eltern wegzukommen. Bitte, denke jetzt nicht, daß meine Eltern furchtbar waren. Im Gegenteil, sie waren besonders nett, aber gerade durch ihre Nettheit konnte ich mich nicht wehren und entwickeln. Ich war ihre Tochter, und sie waren so auf mein Wohl bedacht, daß sie mir alle wichtigen Entscheidungen abnahmen. Ich hatte Mühe, mich zu finden. Ich war übrigens damals schon 21, also nicht mehr so ganz jung, und ich fühlte, es wäre jetzt langsam Zeit, mein Leben in die Hand zu nehmen.

Bitte denke auch nicht, daß ich Deinen Vater, Armin, nicht geliebt habe. Doch, das habe ich. Es war eine Mischung von vielen Gefühlen, und Liebe gehörte ganz sicher dazu. Ich kann mich noch an meine Gefühle erinnern und an das Glück, so intensiv fühlen zu können, als ich ihn kennenlernte.

Aber weil wir unter diesen Umständen geheiratet haben, gab das unserer Ehe ein gewisses Vorzeichen. Tausendmal habe ich später darüber nachgedacht, ob es anders gegangen wäre, wenn ich gewartet hätte, bis ich erst selbständiger gewesen wäre. Aber das ist müßig. Du weißt ja, daß Armin sieben Jahre älter ist als ich. In den ersten Jahren unserer Ehe spürte ich diesen Unterschied nicht. Wir liebten einander in einer Weise, daß es für mich nicht so wichtig war, mich zu entwickeln. Meine Erfüllung lag in der Ehe. »Selbstverwirklichung« war damals allgemein kein wichtiges Wort und für mich schon gar nicht. Ich hatte die Unabhängigkeit von meinen Eltern, ich traf meine eigenen Entscheidungen, die glücklicherweise mit denen Deines Vater übereinstimmten. Meine Eltern vergaben mir bald meinen »Fehltritt«, wie sie es nannten, und alles sah gut aus.

Aber nach einigen Jahren begann sich in mir etwas zu regen, was ich nicht abschalten konnte. Es war ganz einfach meine etwas verspätete Entwicklung. In mir begann sich ein Mensch zu entwickeln, den ich zuerst kaum kannte. Die Frau in mir wollte Gestalt gewinnen und nicht weiter ein Mädchen bleiben. Aber das war schwer, besonders weil ich einige Jahre anders gelebt hatte. Die ersten Jahre unserer Ehe war ich anschmiegsam, einlenkend, sehr auf Harmonie bedacht. Darum klappte alles so gut in unserer Ehe. Ich will diese Zeit in keiner Weise schlechtmachen. Es war eine schöne Zeit, weil ich damals auch echt war. Ich war so, wie ich mich verhielt. Aber mit dieser inneren Entwicklung begannen sich Dinge zu verschieben. Zunächst hatte ich ein schlechtes Gewissen für diese Veränderungen. Ich fühlte mich undankbar, daß ich etwas anders wollte als die ersten zehn Jahre. Ich mußte also erst mich selbst überreden und überzeugen, daß ich ein Recht hatte auf diese Entwicklung. Das gelang mir eine Zeitlang nicht. Ich versuchte mich selbst zur Dankbarkeit zu ermahnen, mich selbst zu überzeugen, daß alles in Ordnung sei. Ich konnte es Armin auch nicht klarmachen. Er verstand nicht, was sich in mir veränderte und darum auch Veränderung in der Ehe mit sich bringen würde.

Da begann ich zu kämpfen, erst milde und nur mit Worten. Aber Armin glaubte mir meine Bedürfnisse nicht. Es wollte weiter in den Rollen leben, die wir eingenommen hatten. Die Rollen waren: Er war mein Beschützer, er war der Geldverdiener, und weil er älter war, war er der Erfahrene im Leben. Darum meinte er auch, die Entscheidungen am besten treffen zu können, auch die Entscheidungen, die mein Leben betrafen. Und weil es jahrelang so gut gegangen war, sah er keine Veranlassung, das jetzt zu verändern.

Du weiß ja auch, daß ich hübsch war und mein Aussehen Deinem Vater wichtig war. Ich habe das in den ersten Jahren unserer Ehe genossen, wenn ich auch ab und zu das Empfinden hatte, daß er mich »vorzeigte«. Es hat mich jedoch nicht so sehr gestört, daß ich mich dagegen gewehrt habe. Sicherlich habe ich auch daraus meinen Wert gezogen. Nach ein paar Ehejahren gefiel mir dieser Zustand aber nicht mehr, doch da war es fast zu spät, dies Deinem Vater wirklich klarzumachen. Er wollte mich weiter so haben.

In der Zeit erlebte ich manchmal so etwas wie Erstikkungsanfälle. Sie begannen meistens mit einem Husten, als wenn mir etwas im Hals steckengeblieben sei und langsam ging mir die Luft aus. Ein paarmal bin ich sogar ohnmächtig geworden. Ich habe das damals nicht verstanden. Heute denke ich, daß diese Anfälle sicherlich einen psychischen Hintergrund hatten. Mein Körper drückte aus, was meine Seele erlebte. Ich spürte, wie mir die Luft ausging.

Unsere Ehe wurde immer schwieriger. Es gab dann einen Punkt, ab dem Armin mich dann auch nicht mehr verstehen *wollte*. So habe ich es jedenfalls erlebt. Er fand falsch, was ich wollte. Er beschuldigte mich, daß ich übertrieben sei und nicht wisse, was für mich gut sei. Ich konnte ihn sogar verstehen. Für ihn war die Welt unserer ersten zehn Ehejahre heil gewesen, und ich zerstörte jetzt diese heile Welt. Für ihn war es eine Überforderung, meine Entwicklung zu verstehen. Er fühlte in sich ein Recht, mich nicht mehr verstehen zu müssen oder zu wollen.

Ich habe damals viel Schuld gespürt. Ich war in der Zeit auch öfter krank und meine jetzt, daß ich an meiner Seele krankte. Ich war die Undankbare, der Störenfried, die Fordernde. Mit mir war nicht auszukommen. Ich wollte zu viel, konnte mich nicht begnügen. Es war nicht nur Armin, der das so sah, ich befremdete auch unsere Freunde und wurde so mehr und mehr zu einer Außenseiterin.

Dein Vater stellte dann alles zu mir ab. Eine Frostigkeit legte sich auf die Atmosphäre unseres Hauses. Ich weiß bis heute nicht, ob es eine Form der Erpressung von ihm war, mit der er mich wieder zu der Frau machen wollte, die er zehn Jahr lang gehabt hatte, oder ob er einfach seine Gefühle, das heißt die Abwesenheit jeglicher Gefühle für mich ausdrückte. Ich merkte, wie ich in dieser Atmosphäre nicht leben konnte. Ich weiß, daß ich nicht Romantik suchte, nicht eine Illusion, von der so viele träumen. Ich suchte nur einen menschlichen Umgang miteinander. Ich hoffte, wenn wir etwas mehr Zeit hätten, würden wir eine Art Umgang miteinander finden, die meiner Entwicklung entsprechen würde. Aber jedesmal, wenn ich das ansprach, wollte Armin davon nichts hören. Er wußte genau, was er wollte. Und das war das, was wir zehn Jahre lang gelebt hatten. Das war für ihn eindeutig klar, und davon ging er nicht ab.

Ich merke, wenn ich das jetzt so schreibe, dann wirkt es wie zu wenig, um es als Trennungsgrund anzugeben. Viele Frauen gehen durch viel Schlimmeres und bleiben. Das habe ich mir auch oft gesagt. Ich habe doch an Äußerem alles, ich habe zu essen, eine Wohnung, ich habe zwei Kinder, es geht uns gut. Warum will ich gehen?

Was war am Ende dann der Trennungsgrund? Das bin ich schon oft gefragt worden, und das habe ich mich schon oft selbst gefragt. Warum ging es dann nicht mehr? Ich hatte das Empfinden, daß ich in diesen Zuständen nicht mehr lebendig leben konnte. Ich brauchte meine ganze Energie, um zu überleben. Das Problem war, daß alles so wenig dramatisch passierte. Dein Vater hat mich nie geschlagen, er hat sogar wenig geschimpft. Aber es war eine stille Verachtung für mich da, die mich von Tag zu Tag mehr aushöhlte. Erst dachte ich, daß es an mir liege, weil ich zuviel wollte. Aber langsam merkte ich, daß es eben nicht nur ein neutrales Verhältnis war, sondern ein zerstörendes für mich. Ich bekam nicht nur die Zuwendung nicht, sondern ich wurde auch krank an meinem Selbstwertgefühl. Es gab Tage, da konnte ich mich nicht mehr im Spiegel ansehen. Ich hatte fast einen Ekel vor mir. Armins Verachtung wirkte wie ein stilles, schleichendes Gift in meinem Leben.

Ich spürte in meinem Körper die Vorbereitung für eine massive Krankheit. Ich merkte, wie ich mich gegen mich selbst kehrte, wenn ich in dieser Weise weiterlebte. Es gelang mir nicht, mich innerlich von Armins Verachtung abzuschneiden. Ich nahm sie in mich auf, und wenn ich mit ihm war, glaubte ich ihm die Gründe für diese Verachtung. Ich verachtete mich selbst. Ich habe ihm das damals alles gesagt, jedenfalls habe ich es versucht. Aber er sagte, daß es für ihn keine echte Wahl gebe. Er sehe in die Veränderung, die ich anstrebe, nichts Gutes, und er könne es nicht mit gutem Gewissen befürworten. So mußte ich wählen: mich oder meine Ehe zu retten.

Ich habe mich gerettet. Ich habe Armin damals gebeten, mir sechs Monate zu geben. Ich wollte allein wohnen, mit mir selbst ins Reine kommen. Ich brauchte viel Zeit zum Denken. Ich wollte mich mit anderen Menschen ohne Armin erleben, wollte sehen, was in mir steckt, wenn ich ganz auf mich geworfen bin. Als ich das Deinem Vater vorschlug, sagte er kurz, aber sehr bestimmt »Nein« dazu. Für ihn war es unmöglich, von einer Frau verlassen zu werden, so sah er es, und sie dann sechs Monate später wieder aufzunehmen. Das verletzte seine Ehre. Dazu war er nicht bereit.

Ich bin nicht ausgestiegen, weil ich ganz sicher war, daß ich sonst krank werden würde. Das wäre zu einfach gewesen, und ganz genau weiß man nie, was werden wird. Aber dieser Gefühl, daß eine Krankheit im Anzuge sei, war für mich symptomatisch für etwas anderes. Es ging nicht in erster Linie um die Krankheit, sondern um meinen inneren Zustand. Ob die Krankheit kam oder nicht, war nicht so wichtig. Wichtig war, daß ich innerlich krank wurde oder schon war. Sicherlich hat das auch viel mit meiner seelischen Konstitution zu tun. Vielleicht bin ich anfälliger für diese Verachtung, vielleicht bin ich zu wenig »ich selbst« und verliere darum zu schnell alles, was ich habe. Das war damals auf jeden Fall so. Vielleicht könnte ich heute mit diesem Zustand, auch mit dieser Verachtung, anders umgehen.

Ich möchte hier auch ein Wort für Deinen Vater einlegen. Ich tue das nicht, um ihn besser darzustellen, sondern um die Ausweglosigkeit der Lage zu schildern. Ich glaube, daß Armin wirklich nicht anders konnte, als er handelte. Für ihn war das, was ich tat, verachtenswert. Es hatte keinen Wert. Er sah darin nur das Zerstörerische. Meine Entwicklung anzunehmen hätte für ihn geheißen, über seinen eigenen Schatten zu springen. Er hätte seine Wertmaßstäbe hinter sich lassen müssen und die Erlebnisweise *eines* Menschen höher stellen müssen als diese Maßstäbe. Und das konnte er sicherlich nicht.

Für mich war es auch wichtig, Dir und Deiner Schwester ein erwachsenes Menschsein vorzuleben. Und dies Erwachsensein gelang mir einfach in der Ehe nicht. Ich sehe das auch zum Teil als mein Versagen an. Ich war nicht stark genug, es zu leben und dabei in der Ehe zu bleiben. Das war meine Begrenzung, zu der ich damals nur sehr schwer stehen konnte. Heute kann ich es besser. Ich weiß, daß ich in gewisser Weise versagt habe. Aber ich sehe darin nicht mehr so stark eine Schuld (wie ich es damals gesehen habe), sondern auch mein Recht, nicht perfekt sein zu müssen. Jede/r hat eine Grenze. Ich war an meiner Grenze angekommen. Vielleicht hätte eine andere Frau mehr ertragen und sich selbst dabei noch treu bleiben können. Ich konnte es nicht.

Als ich dann auszog, in dem Wissen, nach sechs Monaten nicht zurückkommen zu dürfen, habe ich oft geweint. Ich bin nicht leicht gegangen. Ich wäre lieber geblieben, aber dann hätten sich manche Umstände verändern müssen. Ich erwähne dies, weil ich weiß, daß es damals Stimmen gab, die in kurzsichtiger Weise nur von Selbstverwirklichung gesprochen und mich nicht verstanden haben. Es ging mir nicht nur um Selbstverwirklichung, sondern ums Überleben. Aber das konnte ich kaum jemand erklären. Ich war sehr allein in der ganzen Entwicklung.

Ich möchte auch gerade mit Dir in Zukunft öfter über Beziehungen reden (solange es Dir nicht lästig ist), um Dir das mitzugeben, was ich aus meiner Geschichte gelernt habe. Ich will Dir nicht in Deine Beziehungen dreinreden, wohl aber die Schlüsse, die ich aus meinen Erfahrungen gezogen habe, mit Dir teilen.

Für mich ist es ganz wichtig, daß Du verstehst, und Bettina auch, wenn sie erst etwas älter ist, daß ich in Trennung und Scheidung nur eine schlechte Konfliktlösung sehe. Ich weiß, daß Du in Deinen Beziehungen irgendwo im Hinterkopf immer den Gedanken haben wirst, daß Deine Eltern sich scheiden ließen und daß man sich trennen kann, wenn es gar nicht mehr geht. Der Gedanke kommt ja auch nicht nur aus unserer Scheidung, sondern Du bist ja umgeben von vielen Menschen, die diesen Weg auch gehen oder gegangen sind. Ich hoffe nur, daß dadurch, daß Du diesen Gedanken schon mit in Deine Beziehungen nimmst, Du Dich nicht weniger engagierst, aus der Beziehung etwas zu machen. Ich bin nicht mit diesem Gedanken in die Ehe gegangen. Ich hatte mich auf ein Leben festgelegt und konnte es dann doch nicht durchhalten.

Habe ich Dich jetzt zu sehr bepackt mit meinen Gedanken? Was Du nicht verstehst, was Dir nicht einleuchtet, kannst Du einfach vergessen, oder Du kannst mich fragen, und ich will dann versuchen, es Dir besser zu erklären. Boris, ich sage es noch einmal, bitte denke immer dran, daß ich Dir nur meine Fassung meiner Geschichte berichten kann. Dein Vater würde es wahrscheinlich anders beleuchten. Vielleicht wäre es für Dich auch wichtig, daß Du ihn fragst, wie er unsere Trennung und Scheidung erlebt hat, damit Du ein vollständigeres Bild davon erhältst, auch aus der Sicht des Mannes.

Ich kämpfe noch oft mit meinem schlechten Gewissen, dafür, daß ich dazu beigetragen habe, Euch die Heimat der Familie zu nehmen. Aber ich komme immer wieder zu dem Schluß, daß es vielleicht noch schlechter gewesen wäre, Euch das Leben einer gebrochenen Frau vorzulegen. Meine Scheidung steht immer noch als mein großes Versagen vor mir, und ich werde wahrscheinlich noch lange mit der Verarbeitung beschäftigt sein. Aber ich habe auch eine Art Frieden mit dem Leben und mit meinem Schicksal gemacht. Ich merke langsam, daß es auch ein Leben nach der Scheidung gibt.

Mir ist jetzt wohler, nachdem ich Dir das alles so aufgeschrieben habe. Ich hoffe, daß Du mich ein wenig besser verstehst.

Deine Mutter

Ich habe mich in jemand anders verliebt

Eine Ehe zu zweit, die sich abschließt anderen Menschen gegenüber, setzt sich selbst unter Druck. Ein Mensch kann für einen anderen nicht alles erfüllen, nicht für alle Fragen und Nöte der einzige Austauschpartner sein. Gerade dadurch überfordern sich die Partner in einer Beziehung und treiben sich so in Verhältnisse, die dann tatsächlich die Primärbeziehung gefährden.

Ich glaube, daß es letztlich nur eine Liebe gibt. Die Liebe zu dem Partner, zu einem Freund, zu Gott, zum eigenen Kind, zur Natur, zu einem Gedanken, sie ist zutiefst eine *Liebe, für die es aber eine schier unendliche Anzahl von Ausdrucksmöglichkeiten gibt. Es ist* eine *Quelle, aus der das Wasser fließt. Schon nach einigen Metern beginnt der Bach sich zu verzweigen, wird weiter und weiter und befruchtet das ganze Land. So ist die Liebe. Jede Beziehung, in der wir stehen, ist eine andere. Keine ist mit einer anderen letztlich zu vergleichen. Und jede muß ihren ganz eigenen Ausdruck finden. Die Liebe zu* einem *Menschen muß nicht die Liebe zu einem anderen schmälern.*

Mein Lieber,

ehe Du eifersüchtig wirst und mir Vorwürfe machst, die ich dann vielleicht nicht mehr entkräften kann, weil Du

Mühe hast, mir zu glauben, oder mich nicht mehr hören kannst, möchte ich Dir heute aufschreiben, was in mir vorgeht.

Ich habe mich in unseren gemeinsamen Freund Paul verliebt, ich mag ihn, ich freue mich, mit ihm zusammen zu sein. Ich weiß nicht genau, wie ich es ausdrücken soll – aber auf die Worte kommt es nicht an. Ich war selbst überrascht von meinem Gefühl und versuche es nun zu verstehen. Ich spüre, daß dies in keiner Weise gegen Dich geht und uns auch nicht trennen muß.

Du weißt ja, daß ich manchmal das Empfinden habe, daß Du eine Seite an mir nicht verstehst. Ich habe manchmal darunter gelitten und mich in den letzten Jahren einfach damit abgefunden, daß ich das, was da in mir passiert, mit mir allein abmachen muß. Ich habe darum aber nicht den Wunsch verloren, es mit Dir zu teilen. Auf unserem letzten Spaziergang zu sechst, am Sonntag vor einer Woche, bin ich lange mit Paul allein gegangen, und wir haben intensiv miteinander gesprochen, was Du sicherlich gemerkt hast. Es war ein wunderbares Gespräch, in dem ich mich an Stellen verstanden gefühlt habe, die schon lange von niemandem mehr berührt worden sind.

Ich spüre gerade in den letzten Monaten auch Seiten in mir, die nach Entwicklung rufen. Ich will nicht ausbrechen aus unserer Beziehung, aber stärker zu dem in mir gelangen, was leben will. Wir haben ja schon oft darüber gesprochen, daß wir uns in Menschen verlieben, die etwas von uns in sich tragen, das entwickelt werden will. Darum berührt uns der Mensch besonders, der das Unterentwickelte aus unserem Inneren in sich trägt. Der andere, die andere, hilft dem in uns hervorzukommen, was zum Leben kommen will. Allein die *Art* eines anderen kann für mich ein Geburtshelfer sein.

Ich bin kein Teenager mehr. Ich vergesse über dem, was in mir aufbricht, unsere Beziehung nicht. Sie ist der Hintergrund, auf dem ich mich getraue, dieses zu erleben. Wir haben uns ja schon oft gesagt, daß wir einander nicht gehören. Wir sind nicht des andern Besitz, sondern eigene Menschen, auch wenn wir eingewilligt haben, in einer Ehe zu leben und uns treu zu sein. Darum gehöre ich Dir auch in dieser Situation nicht. Deine Meinung zu dem, was ich erlebe, ist mir nicht unwichtig. Ich werde darum gern mit Dir sprechen, aber die Entscheidungen werde ich selbst treffen, und ich hoffe, daß Du das respektieren wirst. Ich gehöre mir, und alles, was ich in mir und für mich entwickele, macht letztlich auch Dich reicher.

Ich bin eine erwachsene Frau, die versucht, ihr Leben lebendig zu leben und es reich und bunt zu gestalten. Ich hoffe, daß Du mir traust und nicht versuchst, diese Entwicklung in meinem Leben zu verhindern. Ich werde Deine Einwände, wenn solche kommen sollten, sehr ernst nehmen und in meinen Entwicklungsprozeß einbauen, auch wenn es mir schwerfallen sollte.

Ich stehe noch zu der Aussage, die ich damals gemacht habe, daß ich Dir treu sein will, bis der Tod uns scheidet. Aber in dem Begriff Treue sehe ich heute etwas anderes, etwas Tieferes, Totaleres als damals. Damals habe ich und wahrscheinlich Du auch und die Menschen, die bei unserer Hochzeit zugegen waren, Treue viel enger verstanden: niemand anders zu lieben, besonders nicht sexuell, und sich mit niemandem so tief einzulassen wie mit Dir. Heute verstehe ich Treue als ein ganz tiefes Für-Dich-Sein. Das kann auch heißen, daß ich etwas nicht mit mir machen lasse, weil Du dadurch nicht zu Dir kommst. Das kann heißen, Deine Wünsche nicht zu erfüllen, weil ich Dich damit von mir abhängig mache. Es heißt heute auch für mich, mich selbst weiter zu entwickeln, um Dir ein tieferes, schöneres, stärkeres Gegenüber zu sein. Wo ich merke, daß ich Dich mit meinem Wesen verlasse, wo ich Dich innerlich aus meinem Leben ausschließe, werde ich Dir untreu, auch wenn ich äußerlich da bin und es vielleicht sogar keinen anderen Menschen in meinem Leben gibt. Das ist ein zugespitztes Verständnis von Treue. Dem möchte ich nachgehen. Vielleicht ist meine Untreue Dir gegenüber letztlich nur, mich selbst nicht ernst zu nehmen und so unsere Beziehung zu berauben um die Person, die ich eigentlich sein könnte. Wenn Du es genauso machst, dann sind wir viel ärmer, als wir sein müssen, dann sind wir einander im üblichen Sinne treu, aber wir sind nur blasse Schatten von den Menschen, die wir sein könnten. Ich möchte bunt und reich für mich selbst, aber auch für Dich sein, und ich wünsche mir das auch von Dir.

Ich glaube, daß Du manchmal zu sehr auf mich konzentriert bist und ich auf Dich. Verstehst Du, was ich meine? Das war bisher gut, und wir haben uns, glaube ich, darin wohl gefühlt. Aber vielleicht ist es jetzt nötig, offener zu werden. Ich meine hier nicht nur Beziehungen zu anderen Menschen, sondern auch allgemein eine größere innere Freiheit zu erreichen. Ich möchte fähiger werden, ohne Dich zu leben, und ich wünsche Dir das auch. Dies ist kein Versuch, unsere Beziehung zu reduzieren, wohl aber, uns selbst dahin zu entwikkeln, daß wir stärker in uns selbst ruhen. Ich möchte den Rest meines Lebens mit Dir verbringen, weil ich es *will*, nicht weil ich es muß oder weil ich vielleicht ohne Dich nicht leben könnte. Ich will mit ganzer Überzeugung sagen: Ich kann ohne Dich leben, aber ich will es nicht, wenn es nicht nötig ist.

Ich merke, daß ich Platz brauche, um mich wirklich weiterzuentwickeln. Ich habe Kräfte in mir, die ich nicht beschreiben kann, die ich aber ahne. Ich bin mehr als alle die Rollen, die ich bisher gespielt habe. Ich bin auch mehr als alles, was Du von mir kennst. Ich will mich nicht nur selbst überraschen lassen, ich will auch Dich überraschen und Dir eine Partnerin sein, die Du nicht einmal hättest erfinden können.

Meine Freude an den Gesprächen mit Paul und das Gefühl des Hingezogenseins zu ihm sind für mich nur einer von vielen Ausdrücken einer Entwicklung, die sich sicherlich auch in anderen Lebensbereichen andeuten wird. Ich habe das Empfinden, daß ich zum zweiten Mal erwachsen werde und mein eigenes Leben in die Hand nehme. Ich wünsche mir sehr, daß Du diesen Weg mit mir gehst, indem Du mich ihn allein gehen läßt und auch Deinen Weg allein entdeckst. Dann möchte ich mich immer wieder mit Dir treffen und austauschen, was wir erleben. Ich glaube, es wird unsere Beziehung reicher machen und sie auf eine Weise stärken, die wir bisher nicht gekannt haben.

Traust Du mir? Ich liebe Dich nicht weniger als früher.

Annette

Wie konntest Du einfach gehen?

Eines der schwersten Erlebnisse unseres Lebens ist das Verlassenwerden. Besonders schwer ist es für den in einer Beziehung, der weiter in der Beziehung leben möchte, der andere es aber nicht mehr will. Wo also eine einseitige Entscheidung es für den Zurückgelassenen unmöglich macht, das weiterzuleben, was er weiterleben möchte, auch wenn es schmerzhaft ist. In dieser Situation entsteht ungeheuer viel Ärger und Verzweiflung, und diese Gefühle können noch nicht einmal an den Gegangenen gerichtet werden, weil er weg ist. Da setzt dieser Brief ein.

Hartmut,

Mensch, ist das wirklich so einfach für Dich? Du packst Deine Sachen und gehst. Bedeuten Dir zehn Jahre so wenig?

Am Anfang war alles gut, ich war gerne Deine Frau, und Du warst gerne mein Mann. Was ist passiert? Hast Du es nicht ausgehalten, daß ich erwachsen wurde? Ich habe jetzt rückblickend das Gefühl, daß Du ein kleines Mädchen wolltest, und solange ich das blieb, war alles gut. Du konntest mich versorgen und beschützen und hattest dadurch das Empfinden, reif und erwachsen zu sein. Ich weiß, daß ich das auch genossen habe. Ich war emotional unerwachsen. Ich habe es zum Teil von meinen Eltern abgeguckt – meine Mutter ist auf ihre Weise bis heute ein kleines Mädchen geblieben. Sie fordert auch jetzt meinen Vater noch nicht heraus. Aber so wollte ich nicht mit Dir leben. Ich habe mich entwikkelt, und das hast Du nicht ausgehalten.

Ich möchte Dir sagen, was Dein Weggehen mit mir macht. Ich schreibe Dir nicht, um Dir ein schlechtes Gewissen zu machen. Wenn du eins bekommst, dann ist es Deine Sache. Ich schreibe Dir dies alles auf, um mich selbst ein Stück zu befreien von diesem Trauma und für mich selbst noch einmal zu formulieren, was passiert ist, oder wie ich sehe, was passiert ist. Es ist für mich wichtig, daß ich Dir den Brief schicke. Ich möchte damit nicht noch einen Versuch starten, Dich zurückzugewinnen, wohl aber Dir ein Dokument geben, in dem Du nachlesen kannst, wie ich es sehe. Ich will mich hiermit nicht reinwaschen, aber auch nicht so tun, als wäre es nicht anders gegangen. Doch, ich will Dir zu spüren geben, daß *Du* unsere Ehe verlassen hast und es mir damit unmöglich gemacht hast, das zu leben und zu schaffen, was mir in meinem Leben ganz wichtig war. Noch kann ich nicht wirklich glauben, daß es tatsächlich vorbei ist, aber mit der Zeit werde ich es begreifen müssen. Aber das ist nicht Deine Sache, das ist die Aufgabe, die vor mir liegt.

Mir scheint, Du hast nur sehr wenig Ahnung davon, wie ich empfinde und wie ich unsere Ehe gesehen habe. Manches geht mir selbst erst jetzt auf. Ich habe in meiner Ehe mein Lebenswerk gesehen. Du weißt ja, wie enttäuschend ich die Ehe meiner Eltern erlebt habe. Ich wollte aus meiner Ehe mehr machen, wollte meinen Kindern ein wirkliches Familienleben geben. Ich wollte mit Dir in Bereiche vorstoßen, die ich selbst nur geahnt habe.

Vieles davon war am Anfang unserer Ehe nur eine vage Vorstellung. Und doch war auch schon anfangs in mir eine ungeheure Entschiedenheit, es mit Dir zu schaffen. Ich war mir sicher, daß uns nichts trennen würde. Wenigstens würde ich nicht aufgeben, ich würde arbeiten und kämpfen. Ich war bereit, zu reden und durch dick und dünn mit Dir zu gehen. Und ich habe Dich in den ersten Jahren auch so erlebt – vielleicht, weil ich Dich noch nicht herausgefordert hatte.

Ich weiß, daß ich nicht fehlerfrei bin. Du bist es auch nicht. Aber ich dachte, daß es in unserer Ehe schon lange nicht mehr um Fehlerlosigkeit ging. Ich habe unsere Ehe immer so verstanden, daß wir uns so lieben, wie wir sind. Und das heißt auch, daß wir uns ein Stück »trotz uns selbst« lieben, also nicht nur wegen der vorteilhaften Seiten, auch trotz der negativen und manchmal unausstehlichen Seiten. Darin habe ich auch die Entwicklung unserer Ehe gesehen: Ich mußte nicht mehr perfekt und liebenswürdig sein, sondern ich durfte auch ich selbst sein, und Du würdest trotzdem nicht gehen. Und jetzt bist Du gegangen. Es war Dir zu anstrengend. Dabei hast Du uns kaum eine Chance gegeben. Ich habe es nicht so erlebt, daß wir hoffnungslos gescheitert sind in unserer Ehe, in unseren Gesprächen, auf der geistigen, emotionalen und sexuellen Ebene. Ich glaube nicht, daß uns unüberwindbare Unterschiede, wie Du es zum Schluß manchmal genannt hast, getrennt haben. Als es wirklich schwierig wurde, hast Du den Versuch nicht mehr gemacht. Ich glaube, wir hätten es schaffen können. Du hast unsere Unterschiede als unüberwindlich gesehen, weil Du Dich damit aus dem wirklich intensiven Durcharbeiten herausreden konntest. Du mußtest so nicht mehr Deine ganze Energie einsetzen, sondern konntest es dem Schicksal zuschieben: Wir waren halt nicht füreinander gedacht. Sag mal, glaubst Du Dir wirklich, daß es so leicht geht?

Erschrocken bin ich über Deine Kälte und Härte. Aber vielleicht waren es gar nicht Kälte und Härte. Ich habe mehr ein Loch erlebt, wo man bei einem Menschen Gefühle erwartet. Ich meine nicht die Gefühle der Liebe und Romantik, nicht ästhetische Gefühle, aber die Gefühle, die mit Ehrlichkeit und Redlichkeit zu tun haben. Zuletzt habe ich manchmal nach moralischen Gefühlen bei Dir gesucht, Moral nicht im Sinne von kleinkarierten Regeln, wohl aber von einer Grundehrfurcht vor dem Leben eines anderen Menschen. Ich habe gesucht, aber bin bei Dir auf eine große Leere gestoßen. Du gehst einfach, als wären zehn Jahre nicht gewesen. Du hast Dir Deine Ausreden zurechtgelegt und glaubst sie Dir auch. Es ist, als wenn Du nichts fühlst.

Du hast mir zum Abschied gesagt, daß Du Dein Leben jetzt wieder richtig leben willst. Du willst nicht mehr in der Enge einer Beziehung leben. Und ich habe gemerkt, daß Du glaubst, ohne Selbstdisziplin und Selbstverantwortung leben zu können. Vielleicht wird es Dir gelingen, aber auf die Dauer wirst Du allein damit leben. Es wird niemand mitmachen, weil auf der Basis nichts Dauerhaftes aufzubauen ist. Und auch Du wünschst Dir etwas Dauerhaftes, auch wenn Du so tust, als wäre das nicht wichtig für Dein Leben. Du wirst die Dauer und die Kontinuität, die durch mich in unserer Beziehung anwesend war, vermissen.

Du wirst die Auseinandersetzungen, die zwischen uns in den letzten Jahren stattgefunden haben, mit anderen Menschen, besonders mit anderen Frauen, wiederholen. Du nimmst Dich mit in jede andere Beziehung, und irgendwann wirst Du auch in der neuen Beziehung an einen Punkt kommen, wo Du die Wahl hast: dazubleiben oder zu fliehen. Der Punkt kommt unweigerlich, wenn zwei Menschen wachsen und sich gegenseitig herausfordern. Alles andere ist eine romantische Illusion, die wir irgendwann loslassen müssen. Aber vielleicht suchst Du ja auch eine Beziehung, in der Du nicht wachsen mußt, wo Du bestaunt und angehimmelt wirst. Aber auch da wird irgendwann der Moment kommen, wo sich diese Frau auf ihr eigenes Wesen besinnt. Dann wirst Du auch sie verlassen müssen und Dir wieder eine neue suchen, die Dich nicht herausfordert. Aber warum sage ich Dir das alles? Es ist nicht mehr meine Sache, Du mußt es selbst entdecken.

Du hast in den letzten Monaten viel von Freiheit gesprochen, als gäbe es diese uneingeschränkt und ohne Verantwortung. Da bist Du mir vorgekommen wie ein kleiner Junge, der rebelliert. Ich glaube nicht, daß Du ohne mich und die Kinder letztlich freier sein wirst. Freiheit ist eine zutiefst innere Haltung und Einstellung. Du wirst frei sein, Dich in andere Beziehungen zu begeben. Du brauchst nicht mehr auf mich Rücksicht zu nehmen. Du brauchst Dich nicht mehr mit Deinen negativen Seiten zu beschäftigen, wenn Du Dich umgibst mit Menschen, die Dich nicht kennen oder Eure Beziehung nicht für wert halten, Dir diese Seiten zu spiegeln. Natürlich wirst Du frei sein, zu kommen und zu gehen, ohne an jemand anders zu denken, aber dafür wird Dich in Deinem Zuhause auch niemand mit einem Lächeln oder mit Fragen und Vorschlägen erwarten. Wenn Du ernsthaft nachdenkst, dann wirst Du feststellen, daß Du fast alle Deine »neuen« Freiheiten auch innerhalb der Ehe gehabt hast. Ich war bereit, über Deine Wünsche und Bedürfnisse zu reden, Dich zu verstehen und einen Weg zu finden. Nur wollte ich Dich nicht anlügen und Dir etwas über Dich erzählen, was ich nicht so empfand. Und das hast Du mir übelgenommen. Durch mich bist Du immer wieder auf Dich selbst gestoßen, so wie ich durch Dich auf mich selbst gestoßen bin, auch auf meine unangenehmen Seiten, auf meinen Schatten, den ich manchmal lieber verdrängt hätte.

Was mir so leid tut, ist, daß wir eine durchschnittliche, vielleicht sogar eine überdurchschnittliche Chance hatten, es zu schaffen. Was haben wir nicht alles gemeinsam unternommen, die Reisen, die Bücher, die wir gelesen haben, die Freunde, mit denen wir vieles besprechen konnten. Viele Interessen haben uns verbunden: die Freude am Kleinen, unser Hang, auch mal zu spinnen, ein ähnlicher Geschmack in Musik und vieles andere. Das gehörte alles zu unserer reichen Geschichte und zu unserem Potential.

Ich weiß, Du hast manchmal auf das Alltägliche herabgesehen, weil es Deiner stärker romantischen Vorstellung von Beziehung nicht entsprach. Aber für mich waren auch diese Dinge wichtig: die Wohnung, für die wir uns in Schulden gestürzt haben, die Tausende von gemeinsamen Frühstücken und Abendessen, die fast täglichen Zettel, mit denen wir uns gegenseitig informiert haben, wo wir sind und was wir tun. Auch das hat uns verbunden. Auch das ist ein Ausdruck von Liebe gewesen. Unsere gemeinsame Geschichte ist für mich nicht auszuradieren.

Ich vergleiche uns manchmal mit einigen Ehen aus unserem Freundeskreis, Du weißt, welche ich meine, die es schwerer hatten und haben, die weniger Verbindendes und Gemeinsames haben als wir, deren Eltern alles ständig komplizierter machen, die sich selbst in ihren Handlungen nicht verstehen und es darum schwerer haben, über ihre Unterschiede zu reden. Und diese Ehen machen weiter, sind glücklich und unglücklich, kämpfen und entspannen sich, mühen sich um die richtigen Worte, lassen Vergangenes los und beginnen immer wieder neu mit Mut und Liebe. Und wir haben aufgegeben. Du hast aufgegeben. Wir hätten es schaffen können und dabei reicher werden können, natürlich auch verbunden mit Schmerzen.

Über die Kinder will ich nicht sprechen. Ich finde es noch zu schmerzhaft, und ich will Dich auch nicht unter Druck setzen. Wenn es die Kinder mit ihrer Traurigkeit nicht schon getan haben, dann wird es mir sicherlich auch nicht gelingen. Auch fände ich trotz allem, was ich gesagt habe, nicht gut, daß Du wegen der Kinder geblieben wärst. Du hättest wegen Dir bleiben müssen, nicht einmal wegen mir. Das wäre auf die Dauer immer zu wenig gewesen, und Du hättest mich unter Druck gesetzt, mich in einer gewissen Weise zu verhalten, nur damit Du nicht gehst. Da hätte ich nicht mitgemacht.

Ich habe diesen Brief zehnmal geschrieben, ehe ich

mit dieser Form zufrieden war. Bei jeder Überarbeitung habe ich etwas mehr von dem Schreien und Bluten herausgenommen. Das wollte ich Dir nicht zeigen.

Jetzt merke ich eine große Festigkeit in mir. In dieser Festigkeit schicke ich Dir diesen Brief. Ich vermute, daß Du für vieles eine andere Erklärung hast, aber auf die will ich nicht mehr hören. Ich habe lange genug mit Deinen Erklärungen gelebt. Jetzt ist es wichtig, daß ich auf mich höre.

Christine

Es ist noch nicht zu spät

Es gibt unter uns das Verständnis, daß Wachstum nur bis zu einem gewissen Alter möglich ist. Danach ist dann neben dem biologischen Zerfall auch der geistige Abbau zu erwarten. Mit diesen Erwartungen werden wir es dann sicherlich auch so erleben. Vorsorge für Wachstum auch im Alter ist, sich ein Leben lang vom Andersartigen herausfordern zu lassen. Sich immer wieder selbst in Frage stellen zu lassen und Neues zu denken. Das ist der Dienst, den wir uns gegenseitig leisten können, besonders Partner, die in einer festen Beziehung stehen, wo keiner der beiden Angst zu haben braucht, daß der andere geht, wenn es etwas schwieriger wird. Aber in vielen Ehen helfen die Partner einander nicht in dieser Erneuerung und in dieser Vorbereitung auf das Alter. Um es jeweils im Moment einfacher zu haben, scheuen wir die Konfrontation. Oder wir haben nicht begriffen, daß die Liebe sich auch gerade durch das Konfrontieren äußern kann.

Lieber Eduard,

dies ist ein Brief, den ich vielleicht schon vor 40 Jahren hätte schreiben müssen. Aber ich habe es damals nicht können. Ich habe nicht verstanden, daß es nötig war, Dir anders zu begegnen. Vielleicht hätte ich es auch nicht verkraftet, Dir anders zu begegnen, oder Du hättest es nicht verkraftet und hättest mich dann in meine Schranken gewiesen. Aber weil wir noch leben, weil wir noch wachsen (jedenfalls will ich noch weiterwachsen), darum will ich Dir dies schreiben, auch wenn wir nun beide schon über 70 sind.

Ich kann es in einem Satz sagen: Ich habe Dich ein Leben lang nicht genug herausgefordert! Es ist ein einfacher Satz, der aber über unserem ganzen Leben steht und der uns bis in die kleinsten Kleinigkeiten geprägt hat. Jetzt möchte ich Dir beschreiben, zu welchen Einsichten ich gekommen bin, und dies nicht nur tun, um die Vergangenheit noch einmal durchzuarbeiten, sondern auch weil ich meine, daß in der Zukunft noch einiges für uns möglich ist.

Als Du mich kennengelernt hast, war ich sehr jung und glaubte, daß eine Frau, besonders eine junge Frau, sich dem Mann zu fügen habe. Ich habe darüber nicht viel nachgedacht, habe es bei meinen Eltern so erlebt, und weil ich Dich liebte, war das Fügen überhaupt kein Problem. Es war nicht anstrengend. Ich wollte doch, was Du wolltest. Und als dann die ersten Unstimmigkeiten zwischen uns kamen, habe ich weiter so gehandelt, wie Du wolltest. Du hattest eine Art, mich rasch zu überzeugen, und so gab ich schnell meine Meinung dran. Ab und zu habe ich das Gefühl gehabt, daß ich Dein Leben lebte und nicht meins, aber dann habe ich schnell daraus »unser« Leben gemacht. Das *uns* in *unsere* Familie, *unser* Wohl, *unsere* Zukunft waren immer am wichtigsten.

Auch später bin ich meistens kompromißbereit gewesen und habe darin meine große Gabe gesehen, mein

Opfer, meinen Verzicht. Ich habe mir ganz tief im stillen etwas darauf eingebildet. Nur darum konnten wir eine so vorbildliche Ehe führen.

Aber jetzt begreife ich, daß ich in einem großen Bereich in meiner Liebe zu Dir versagt habe. Du hast gewisse Seiten in Dir nicht entdecken können, weil ich Dich nicht herausgefordert habe. So konntest Du das leben, was Dir lag, was Dir natürlich kam, aber Du bist nicht über Dich hinausgewachsen.

Deutlich wurde mir das erst, als ich etwa 60 war. Da merkte ich zum ersten Mal, wie schwer Du Dich noch verändern konntest, wenn es Dir überhaupt noch gelang. Du warst festgefahren, und langsam merkte ich, daß ich dazu beigetragen hatte. Du warst das Resultat meiner vernachlässigten Herausforderung. Mit viel Schmerzen begriff ich, daß auch ich jetzt darunter zu leiden haben würde, Dich nicht früher herausgefordert zu haben.

Das ist nun auch schon einige Jahre her. Ich habe dann stärker versucht, Dir ein Gegenüber zu sein. Vielleicht erinnerst Du Dich noch an die viel häufigeren Auseinandersetzungen und Deinen Vorwurf, daß ich mich so verändert hätte. Aber auch dann konnte ich noch nicht klar formulieren, was in mir passierte. Jetzt ist es klar, und ich möchte uns eine neue Chance geben. Ich bin nicht bereit zu sagen: »Ach laßt uns die letzten Jahre noch so weitermachen wie bisher.« Ich kann es nicht mehr, und ich will es nicht mehr. Mir tut jedes Jahr leid, und ich weiß, daß ich auch Dir damit keinen Dienst tue. Ich habe zu viele Männer gesehen, die senil wurden, weil ihre Frauen sie nicht herausgefordert haben. Wenn Du diese Herausforderung jetzt annimmst, wirst Du damit ganz direkt an Deiner Zukunft mitarbeiten. Wenn Du Dich jetzt mit Energie für neue Gedanken öffnest, dann wird das wie eine Versicherung gegen Altersverdummung wirken.

Selbst wenn Du nicht mitmachst, werde ich diesen Weg gehen. Ich werde mich melden. Ich spüre, wie in mir etwas gewachsen ist. Du, ich werde es aushalten, wenn Du ungehalten mit mir bist, wenn Du Dich verstimmt zurückziehst. Du wirst das nicht mehr als Erpressung gegen mich gebrauchen können. Ich liebe Dich auch nach fast 40 Jahren noch so, daß mir unsere Beziehung nicht gleichgültig ist. Ich bin nun dabei zu lernen, wie die Liebe konfrontieren und doch noch Liebe bleiben kann. Fast schäme ich mich, daß es so lange gedauert hat, bis ich es begriffen habe, aber lieber spät als nie, und lieber begreifen und dafür etwas einsetzen als begreifen und dann die Hoffnung verlieren.

Dieser Brief ist keine Kampferklärung, auch wenn Du ihn in schwachen Momenten so deuten und ihn gegen mich halten wirst. Er ist eine Liebeserklärung, Ausdruck einer Liebe, die an Wachstum interessiert ist und nicht an Harmonie um jeden Preis. Und selbst wenn ich morgen sterben sollte, so tut es mir nicht leid, daß ich Dir dieses heute geschrieben habe.

Weil ich Dich liebe, habe ich so geschrieben.

Olga

Freundschaft

Das Wunderbare an Freundschaft ist, daß sich Freunde wählen. Sie werden nicht zur Freundschaft gezwungen. Unsere Familien konnten wir uns nicht aussuchen, jedenfalls nicht bewußt. Wir wurden in sie hineingeboren. Aber einen Freund wählt man, und man kann ihn auch wieder »abwählen«, man kann eine Freundschaft beenden. Man kann zwar einer Mutter, einem Onkel oder einem Sohn sagen, daß man ihn/sie nicht mehr sehen oder sprechen möchte, aber das verändert nichts an der Tatsache, daß die Mutter, der Onkel, der Sohn weiter Mutter, Onkel und Sohn bleiben. Es ist eine Beziehung, die nicht durch eine Entscheidung eingeleitet ist, sondern sie geschieht. Sie wird darum auch so häufig von außen bestimmt, statt von den beiden, die in der Beziehung stehen.

Eine Freundschaft ist nur so gut, wie sie wirklich freiwillig eingegangen wurde und freiwillig bleibt. Natürlich gibt es Engpässe und Schwierigkeiten in jeder Freundschaft. Da muß dann der eine, oder vielleicht auch beide, durchhalten, von Hoffnung leben, sich an gute gemeinsame Erfahrungen erinnern. Wenn dies aber zu einem Dauerzustand wird, wenn die Freundschaft mehr und mehr zu einem Zwang wird, dann ist zu überlegen, ob dies wirklich noch eine Freundschaft ist, oder ob es eine Abhängigkeit ist, die beide nicht zugeben wollen.

In einer Freundschaft, muß es eine gute Abwechslung geben zwischen Geben und Nehmen. Wenn einer hauptsächlich nimmt und der andere hauptsächlich gibt, ist nur schwer von einer wirklichen Freundschaft zu reden. Wenn das Gefälle zwischen beiden so groß ist und auch immer so bleibt, dann ist es keine Freundschaft.

Gerade weil Freundschaften so frei geschlossen werden, ist es manchmal doppelt schwer, sie zu brechen, wenn einer sich weiterentwickelt. Darum gibt es wenig echte, bewußte »Scheidungen« unter Freunden und Bekannten. Wir versuchen unsere Freundschaften möglichst lange hinauszuziehen, auch wenn wir uns selbst und einander dabei verletzen oder zerstören. Es gibt ungeschriebene Gesetze, nach denen wir uns richten. Aber damit verfehlen wir den Sinn der Freundschaft, wir bleiben uns selbst und damit einander nicht treu und finden uns dann in einer Beziehung vor, in der wir eigentlich nicht sein wollen. Das, was einmal freiwillig und damit befreiend war, ist zu einem neuen Gefängnis geworden.

Hier gilt darum, immer wieder die wichtigste Seite der Freundschaft neu zu entdecken: die Freiwilligkeit. Die Freundschaft ist für die Freunde da, nicht die Freunde für die Freundschaft. Es dient letztlich niemand, eine Freundschaft aufrechtzuerhalten, nur um sie aufrechtzuerhalten. Wir brauchen den Mut, auch sagen zu können: Unsere Freundschaft erweitert mein Leben nicht mehr, ich gehe. Oder bewußt zu versuchen, aus der Freundschaft etwas zu machen, in dem sich zu leben lohnt.

Ich habe mich verändert

Das Erwachsenwerden hat mit der Entwicklung der Einmaligkeit eines jeden von uns zu tun. Je älter wir werden, desto klarer werden wir zu Menschen mit einem eigenen Profil – unsere Anlagen setzen sich durch, unsere Vorlieben und Abneigungen werden deutlich, unsere Lebenseinstellung wird unverwechselbar. Es ist darum nicht verwunderlich, daß zwei Menschen, die noch als Kinder oder Jugendliche viel Gemeinsames hatten, dieses zunehmend verlieren – in dem Maße, wie sie ihr Leben in die Hand nehmen und nicht mehr nach vorgegebenen Mustern leben. Bei zwei Sportbegeisterten hört einer auf, sich für Sport zu interessieren, während der andere sein Interesse noch vertieft. Die eine hört mit der Schule auf, während die andere weitermacht und studiert; wenn man sich dann später wiedertrifft, merkt man, daß man weit auseinandergedriftet ist. Einer bleibt seiner religiösen Tradition treu, während die beste Freundin/der beste Freund sich nach neuen Glaubensinhalten umsieht, weil sie/er gerade die Tradition als beklemmend empfindet.

Die Entwicklung muß nicht zur Trennung führen, aber sie kann es, und dann finden wir es oft schwer, mit dieser inneren Trennung umzugehen. Wir versuchen sie zu vertuschen, sie nicht anzuerkennen, sie zu verniedlichen. Wir glauben, daß diese Unterschiede nicht trennen müssen. Wir konzentrieren uns auf die alten Zeiten, als wir noch enger zusammenstanden.

Besonders schwierig kann dies sein, wenn beide weiter kontinuierlich miteinander Umgang haben, sich also oft sehen und dabei spüren, wie unterschiedlich sie werden. Wann ist der Zeitpunkt gekommen dieses anzusprechen?

Auf die Dauer können wir die auseinandergehende Entwicklung nicht vertuschen. Sie gehört zu uns. Da gibt es dann viel Frustration, Ärger, Schmerz. Auch hier, wie so oft bei Wachstumsfragen, ist es wieder eine Frage des gegenseitigen Loslassens. Gelingt uns das in einer befreienden Weise?

Lieber Herbert,

ich habe ein Bedürfnis, mit Dir direkt zu reden, weil ich mein Schweigen wie eine stille Unehrlichkeit erlebe – ich denke etwas anderes über Dich, als ich Dir mitteile.

Als wir als Jugendliche in die gleiche Gemeinde gingen, konnten wir uns wunderbar über Glaubensfragen unterhalten. Erinnerst Du Dich noch an unsere langen Spaziergänge sonntagnachmittags? Wir hatten immer ein wichtiges Thema: die Willensfreiheit des Menschen, der Opfertod Jesu, die Geistesgaben, die dunkle Kirchengeschichte, die zehn Gebote und die Gnade. Wir versuchten beide mit unserem ganzen Leben wirkliche Christen zu sein. Weißt Du noch, als wir beide Pfarrer werden und dann gemeinsam eine Gemeinde übernehmen wollten? Unsere Unterschiede, die auch schon damals bestanden, erlebten wir beide als Herausforderungen und Bereicherungen.

Aber das ist Jahre her. Vieles hat sich verändert. Schon vor fünf oder sechs Jahren merkte ich, daß ich über manches nicht mehr reden konnte oder vielleicht nicht mochte. Ich merkte, daß Du es nicht verstehen würdest. Das bezog sich auch nicht nur auf geistliche Themen, sondern unsere unterschiedliche Einstellung zu fast allen wichtigen Fragen wurde immer deutlicher. Manches von dem, was in mir geschah, war mir so kostbar, daß ich darüber nicht reden wollte, auf jeden Fall wollte ich es nicht zerredet haben. Und vielleicht hätte es damals auch zu sehr geschmerzt zu erleben, daß Du mich nicht verstehst. So schwieg ich. Vielleicht war das mein Fehler. Aber ich wußte nicht, wie ich sonst damit umgehen konnte. Das, was ich Dir nicht sagte, wuchs dann weiter in mir. Ich stand in einer Entwicklung, die ich selbst einige Jahre früher kaum für möglich gehalten hätte. Aber sie geschah, und Du nahmst nicht teil an ihr.

Erst hielt ich es für eine Phase unserer Freundschaft. Jede Freundschaft durchläuft ja engere und lockerere Phasen, sagte ich mir. Aber dann merkte ich mehr und mehr (das liegt jetzt auch schon fast zwei Jahre zurück), daß wir uns wirklich auseinander entwickelten und der Abstand so groß wurde, daß es uns eines Tages nicht mehr gelingen würde, ihn zu überbrücken. Langsam, aber sicher standen wir für Entgegengesetztes. Das, was für Dich absolut zentral war, rückte für mich immer mehr an den Rand meines Glaubens. Das, was Dein Leben formierte, war für mich nur eine Tradition, die ich losließ. Das, was ich suchte und in mein Leben aufnahm, war für Dich eine Gefahr, der Du aus dem Wege gingst.

Du, wir sind anders geworden, und die Zeit, in der wir leben, ist eine andere Zeit. Ich merke, daß wir innerlich weit auseinander sind. Wir wollen es nicht zugeben, und so quälen wir uns manchmal, wenn wir miteinander sind. Ich bin einfach nicht mehr der Freund von früher. Ich weiß, daß es Dir schwerfällt, das loszulassen. Mir fiel es auch schwer, weil ich im Tiefsten meinte, daß wir auch den Rest unseres Lebens miteinander teilen würden. Aber nun sind wir getrennt. Ich sehe darin die Unterschiedlichkeit unseres Lebensansatzes und vielleicht auch den Unterschied unserer Lebensaufgabe. Ich spüre, daß ich nie zufrieden sein werde. Ich werde immer weitersuchen, unterwegs bleiben, das Erkannte früher oder später verwerfen und nach dem Neuen Ausschau halten. Es reicht mir nicht, die alten Glaubenssätze noch einmal zu wiederholen. Und ich erlebe Dich als den Konservierenden. Du willst das Alte erhalten; ob es aus einer versteckten Angst oder aus Überzeugung kommt, daß das Alte, Bewährte auch für die Zukunft sinnvoll sein wird, das weiß ich nicht. Ich will auch nicht alles analysieren, was Du tust.

Ich schreibe Dir diesen Brief jetzt nicht, um Dir zu sagen, daß Du Dich verändern mußt. Wenn es zu Deiner Natur gehörte, dann hättest Du es sicherlich schon getan. Ich respektiere Deine Wahl, da zu bleiben, wo Du bist. Je älter ich werde, desto besser verstehe ich die Einzigartigkeit des Weges eines jeden Menschen. Ich bin dabei, meinen Weg zu finden, und will nicht behaupten, daß ich Deinen Weg kenne.

Ich will nicht den Fehler machen, den so viele Freunde miteinander machen: Ich will Dich nicht drängen, Dich zu verändern. Ich will nicht davon ausgehen, daß es einen Weg geben muß, daß wir wieder näher zueinanderrücken. Und ich will nicht von Dir unter Druck gesetzt werden, mich zu verändern. Ich will weiter die Jahre unserer früheren Freundschaft ehren und ich will unsere jetzige Unterschiedlichkeit honorieren und sie ernst nehmen. Ich hoffe, daß Du das auch kannst. Aber auch wenn es Dir nicht gelingt, vielleicht weil es Dir nicht gelingen darf (meinst Du nicht im stillen, daß du mich bekehren müßtest von meinem Weg?), werde ich meinen Weg weitergehen und oft mit guten Gedanken an Dich denken.

Wie wir mit diesem Zustand umgehen, weiß ich auch nicht. Für mich war es erst mal wichtig, ihn festzustellen und nicht mehr zu vertuschen. Ich will nicht unecht und unehrlich leben. Ich stehe zu mir, auch gerade zu meinen Veränderungen, zu meinen Unvollkommenheiten. Es schmerzt mich, Dich zu verlieren, aber ich habe das Empfinden, daß wir es beide nicht aushalten würden, in Direktheit miteinander zu leben. In gewisser Weise gefährden wir uns gegenseitig mit unseren Ansichten und Einstellungen. Wir würden uns gegenseitig immer wieder den Schutzraum nehmen, den wir brauchen, um den Gedanken, für die wir uns entschieden haben, nachzugehen und sie auszuleben. Ich habe ab und zu ein schlechtes Gewissen für meine Veränderungen, besonders wenn ich mit Dir oder mit anderen aus unserer gemeinsamen Vergangenheit zusammen bin. Wenn Du dann auf mich einreden würdest, wäre der Weg, für den ich mich aus einer tiefen Überzeugung entschieden habe, gefährdet. Ich müßte immer wieder kämpfen, besonders auch mit Dir, und das will ich nicht. Und vielleicht ginge es Dir mit mir

auch an irgendeiner Stelle so. Verstehst Du, was ich meine, oder findest Du mich nur ängstlich? Ich glaube nicht, daß ich aus Angst so handle, aber ich habe in den letzten Jahren oft nicht das gelebt, was ich begriffen hatte. Ich habe mich zurückgenommen, manchmal auch um andere, Dich zum Beispiel, vor mir zu schützen. Das will ich nicht mehr, und darum ist es besser, daß wir uns weniger oder gar nicht mehr begegnen. Vielleicht gibt es in der Zukunft mal wieder eine Möglichkeit, aber dann müßte sich einer oder wir beide uns kräftig verändern. Auch das ist nicht ausgeschlossen. Aber bis dahin ist Abstand besser.
Ich lasse Dich los und bin frei von Dir.

Dieter

Bleibst Du weiter meine Freundin?

Es gibt einschneidende Erlebnisse, die eine Freundschaft gefährden können. Viele Freundschaften verändern sich, wenn einer der beiden Befreundeten heiratet. Warum eigentlich? Frißt die Ehe die Beteiligten so auf, daß sie die wichtigen Beziehungen, die sie vorher hatten, nicht in einer ähnlichen Tiefe weiterführen können? Es scheint beinahe so zu sein.

Unsere Zeit stellt wichtige Fragen an die Ehe. Ist sie wirklich noch aufrechtzuerhalten und zu befürworten in der Form, wie sie die Generationen vor uns gelebt haben? Können die Verheirateten dabei zu erwachsenen, eigenständigen Menschen werden? Viele merken, daß eine Ehe nicht nur von zwei Menschen geführt werden kann. Sie braucht Verbindungen zu anderen Menschen, sie braucht Austausch und Herausforderung. Sie muß einerseits eingebettet sein in einen größeren Kontext, und andererseits müssen beide Partner fähig sein, auch allein ihr Leben reich und bunt zu gestalten. Opfern wir zuviel *für die Ehe und verlieren wir gerade dadurch das, was wir gewinnen wollten?*

Liebe Mirjam,

in zwei Monaten wirst Du verheiratet sein. Schon lange hast Du Dich darauf gefreut, und ich freue mich mit Dir. Und doch denke ich auch mit etwas Besorgnis an den

Tag Deiner Hochzeit. Ich habe es jetzt mehrmals erlebt, daß ich Freundinnen durch ihre Ehe verloren habe. Ich verstehe es noch nicht ganz und glaube nicht, daß es tatsächlich so sein muß.

Bevor Elisabeth geheiratet hat, waren wir gute Freundinnen. Wir haben viel miteinander unternommen und uns vor allem über wichtige innere Dinge ausgetauscht. Als sie dann Peter kennenlernte, gelang es uns zuerst, unsere Beziehung weiter aufrechtzuerhalten, auch wenn sie natürlich viel Zeit mit Peter verbringen wollte. Das habe ich gut verstehen können. Aber mit der Hochzeit kam ein Bruch. Es war, als steige sie in ein anderes Leben ein. Es ist schwer zu beschreiben, aber es schien mir, als wäre sie ein Stück schwerhörig geworden. Ich konnte mit ihr reden, aber sie hörte nicht oder nur das, was sie zu ihrem Glück mit Peter interessierte. Natürlich war sie verliebt, aber gerade in dieser Zeit wäre ich ihr gern nahe gewesen. Ich glaube, sie hat sich selbst damit etwas genommen, dadurch, daß sie unsere Freundschaft so aufgegeben hat.

Mit Anke war es ähnlich. Sie sagte mir bald nach der Hochzeit, daß sie nur für ihre Ehe lebe. Ich fand, daß sie ihrer Ehe letztlich damit keinen Dienst tat. Verstehst Du? Sich so ganz nur auf das eine zu konzentrieren, das machte sie ärmer. Ich glaube, die Gespräche, die wir vorher öfter geführt haben, hätten ihr auch in der Ehe geholfen. Aber sie gab uns keine Chance. Vielleicht hat es auch etwas mit ihrem Mann zu tun gehabt. Ich glaube, er war auf mich eifersüchtig, weil Anke und ich so gute Freundinnen gewesen waren.

Ich schreibe Dir dies, weil ich Dich nicht verlieren möchte. Ich denke also an mich. Mir ist unsere Freundschaft bisher sehr kostbar gewesen, und ich habe das Empfinden, daß wir vor einer neuen Phase in unserem gemeinsamen Miteinander stehen. Das möchte ich gern erleben. Ich möchte Dich auch in den Veränderungen erleben, die die Ehe mit sich bringt. Von Dir möchte ich gern lernen, welche Formen und Ausdrücke die Liebe in der Ehe entwickeln kann.

Und ich denke an Dich. Ich glaube nicht, daß eine Ehe die beiden Ehepartner ganz verschlingen sollte. Darin liegt eine Art von Zerstörung, die später beide teuer bezahlen müssen. Es gibt ja eine Einsamkeit zu zweit, und viele Ehen scheinen dies zu leben. Die beiden Partner haben nur einander und verarmen. Ich glaube, es ist wichtig, auch neben der Ehe wirkliche Freundschaften zu pflegen. Ich hoffe, daß Du Dein eigenes Leben weiter erfüllt lebst. Nicht gegen Deinen Mann, aber als Bereicherung für Dich und ihn. Ich weiß, daß Herbert mir nicht so nahe steht, und das stört mich nicht. Er und ich müssen ja nicht enge Freunde werden, obwohl ich auch dafür offen wäre. Aber ich möchte Dich nicht verlieren, nur weil Du Herbert heiratest. Ich hoffe, daß Du mich nicht mißverstehst. Ich will nicht zwischen Euch kommen. Eigentlich kann ich nicht zwischen Euch kommen. Aber es liegt an Dir, daß Du das so siehst. Wenn alles von mir ausgeht, daß unsere Freundschaft erhalten bleibt, dann wird es für Herbert so wirken, als wollte ich Dich festhalten. Das will ich wirklich nicht. Es liegt darum stark an Dir, wie Du mir begegnest, wenn ihr verheiratet seid. Das wird entscheiden, ob wir weiter Freundinnen bleiben können.

Vor Jahren habe ich einen interessanten Brief von

der Malerin Paula Modersohn-Becker gelesen, in dem sie dieses Thema anspricht. Clara Westhoff, die Bildhauerin, mit der sie locker befreundet war, war gerade im Begriff den Dichter Rilke zu heiraten. In diese Situation hinein schreibt die 24jährige Paula ihr diesen Brief. Ich zitiere Teile daraus:

»Liebe Clara Westhoff,

... Ich folge Ihnen ein wenig mit Wehmut. Aus Ihren Worten spricht Rilke zu stark und zu flammend. Fordert es denn die Liebe, daß man werde wie der andere? Nein und tausendfach nein. Ist nicht der Bund zweier starker Menschen so reich und so allbeglückend, daß beide herrschen und beide dienen in Sachlichkeit und Friede und Freude und stiller Genügsamkeit?

Ich weiß wenig von Ihnen beiden, doch wie mir scheint, haben Sie viel von Ihrem alten Selbst abgelegt und als Mantel gebreitet, auf daß Ihr König darüberschreite.

Schlagen Sie Ihre Seele nicht in Ketten, und wären es güldene, die gar lieblich sängen und klängen.

Ich segne Euch beiden Menschen. Geht denn das Leben nicht, wie wir sechs es uns einst dachten? Wenn Ihr auch unter uns seid, sind Eure Seelen nicht auch in dieser größeren Gemeinschaft vereint? Können wir denn nicht zeigen, daß sechs Menschen sich liebhaben können? Das wäre doch eine erbärmliche Welt, auf der das nicht ginge. Und ist unsere denn nicht wunderschön und zukünftig? Ich bin Ihre alte Paula Becker und bin stolz, daß meine Liebe so viel dulden kann und von gleicher Größe bleibt.«

Mirjam, ich glaube, es geht auch in der Ehe um eine Gemeinschaft, die über die Ehe hinausgeht und in die

die Ehe eingebettet ist. Die Ehe ist der Ort, wo wir es lernen können, uns für diese Gemeinschaft vorzubereiten. Die Ehe kann für mich nie das Endziel sein. Das Endziel ist immer eine Gemeinschaft mit mehreren, in der wir einander helfen, zu wirklichem Leben zu finden.
Ich freue mich auf Deine Hochzeit und hoffe, daß unsere Beziehung durch Deine Ehe noch vertieft wird.

Agnes

Höre auf zu fordern

Eine fordernde Unzufriedenheit zerstört viele Freundschaften. Gerade erst war ein Mensch überaus glücklich, einen Freund oder eine Freundin gefunden zu haben, einen Menschen, mit dem ein echter Austausch möglich ist, dem er sich anvertrauen und den er einführen kann in seine geheimen Nöte und Ängste. Und manchmal dauert es nicht lange, vielleicht nur Tage, Wochen oder ein paar Monate, und ein stilles Fordern beginnt, ein Druck, mehr zu geben, mehr zu leisten, mehr zu lieben.

Natürlich müssen wir an unseren Freundschaften arbeiten. Sie wachsen nicht von selbst. Wir müssen sie pflegen. Aber einander unter Druck zu setzen, mehr zu geben, das ist nicht Pflege. Wir haben zwei Möglichkeiten: dem Druck nachzugeben und den andern zufriedenzustellen, oder uns gegen diese Erwartungen zu wehren und deutlich zu machen, daß Liebe und Zuwendung nur freiwillig gegeben werden können.

Lieber Rudi,

es ist schwer für mich, diesen Brief zu schreiben. Ich will darum auch zu Beginn noch einmal sagen, wie schön ich unsere Freundschaft gefunden habe und noch finde. Sie hat mein Leben sehr bereichert, und es täte mir leid, wenn sie zu Ende ginge.

Damit bin ich beim Thema meines Briefes. Ich habe unsere Freundschaft in den letzten Monaten zunehmend schwerer und belasteter erlebt. Es ist manchmal, als wenn wir uns unter einer dunklen Wolke treffen. Für mich hat es viel mit Deiner Einstellung zu tun. Ich erlebe mich fast jedesmal, wenn wir uns treffen (ich spreche von der letzten Zeit), als enttäuschend und ungenügend für Dich. Entweder habe ich nicht genug Zeit, komme zu spät oder gehe zu früh. Ich höre Dir nicht gut genug zu oder frage zu wenig. Ich erzähle Dir nicht genug von meinen Projekten oder scheine andere Menschen Dir vorzuziehen. Jede meiner Handlungen macht Dir irgendwann Not. Ich fühle mich dann schlecht und weiß doch nicht, was ich anders tun könnte und mir dabei selbst noch treu bleiben. Weißt Du, was ich meine?

Für mich ist das Besondere an einer Freundschaft, daß sie offen und ungezwungen ist. Ich stehe in vielen »Zwängen« (ich setze das Wort in Anführungsstriche, weil ich glaube, daß wir uns unsere Zwänge auch wählen). Ich bin verheiratet, bin also in einer Beziehung zu meiner Frau, die durch Kontinuierlichkeit ausgezeichnet ist.

Da wird von mir etwas erwartet, besonders wenn die Ehe wachsen und nicht die ewige Wiederholung eines Rollenspiels sein soll. Ich habe einen Beruf, den ich mit Verantwortung ausübe. Dort werde ich gefordert, ich stehe unter Druck. Dann weißt Du, daß ich mich vor einigen Monaten neu entschieden habe, mit meinen Verwandten einen besseren Kontakt aufzubauen. Auch das ist nicht leicht und steht immer wieder im Zeichen von Mißverständnissen. Dazu kommen dann die vielen

Kleinigkeiten des Lebens, die einfach anfallen und von mir getan werden müssen, weil ich in einer gewissen Weise leben will. Aber Du kennst ja den Streß genauso wie ich. Es ist schwer, ihm zu entgehen.

Wegen dieser Anforderungen von überall war ich so froh über unsere Freundschaft. In ihr konnte ich entspannen. Ich mußte nichts leisten und durfte so sein, wie ich war. Das hat für mich nie geheißen, daß ich unsere Beziehung nicht pflegen wollte. Aber was ich nicht wollte und auch jetzt nicht will, ist, daß diese Freundschaft wieder zu einem neuen Druck und einem neuen Streß wird. Und wir sind auf dem besten Weg dorthin.

Du meldest Rechte an und übst Druck auf mich aus. Ich habe das Empfinden, daß Du mich besitzen willst. Weil für mich Harmonie wichtig ist, merke ich, daß ich ab und zu Deinem Druck nachgebe, damit ich mich später nicht schlecht zu fühlen brauche. Aber auf die Dauer geht das nicht. Es wird unsere Beziehung zerstören. Ich spüre, wie Ärger und Frustration in mir wachsen, und will es Dir jetzt sagen, damit wir daran arbeiten können, ehe es zu spät ist.

Was ich mir wünsche, ist eine Freundschaft, in der wir uns beide freuen können an dem, was ist, anstatt immer darauf zu sehen, was noch fehlt oder was noch sein könnte.

Wir haben durch unsere Freundschaft viel mehr als andere Menschen, aber wir laufen Gefahr, es zu zerstören durch Erwartungen, besonders durch Erwartungen, die nicht zu erfüllen sind. Ich will unsere Freundschaft nicht auflösen, aber ich will Dir nicht immer beweisen müssen, daß ich Dich mag und Du wichtig bist in meinem Leben. Glaube es mir und versuche nicht, mich zu zwingen, es Dir zu beweisen.

Ich wage, Dir so zu schreiben, weil ich es der Tragfähigkeit unserer Beziehung zutraue.

In Liebe,
Walter

Liebe ist mehr als Mitleid

Menschen gehen aus ganz unterschiedlichen Gründen Freundschaften ein. Die einen suchen Geborgenheit, die anderen Herausforderung. Was für den einen das Glück ist, ist für den anderen ein Gefängnis.

Wir halten vieles für Liebe, was oft nichts anderes ist als Mitleid, Wunsch auf Gegenliebe, Versicherung, daß wir etwas wert sind, und vieles mehr. In der Beziehung, die wächst und reift, verändert sich die Gestaltung der Liebe und schafft für die Liebenden eine größere, nicht eine geringere Lebensfähigkeit, eine größere und nicht eine reduzierte Unabhängigkeit voneinander. Wo sich einer gegen dieses Wachstum sperrt und es verhindern will, da wird die Freundschaft oft undurchsichtig und beschwerlich. Dann dauert es nicht lange, bis einer sich ausgenutzt fühlt und sich versteckt oder offen zu wehren beginnt. Dann funktionieren die Rollen in der Beziehung nicht mehr, aber das ist auch die Möglichkeit, über die Rollen hinauszuwachsen und zu einer tieferen Beziehung zu finden.

Liebe Petra,

ich habe mir in letzter Zeit viele Gedanken über unsere Beziehung gemacht. Ich bin sie noch einmal durchgegangen von ihren Anfängen bis zur Gegenwart. Dabei ist mir einiges aufgefallen, das ich gerne in diesem Brief ansprechen möchte. Weil es zum Teil heikel ist, habe ich die Form des Briefes gewählt. Ich möchte, daß Du meine Gedanken in aller Ruhe lesen und ihnen nachgehen kannst, ehe Du auf sie reagierst.

Wir sind uns ja begegnet, als es Dir schlechtging und Du Hilfe brauchtest. Für mich war es damals selbstverständlich, Dir beizustehen. Ich habe daraus gelernt, auf Deine Nöte einzugehen. Es hat mich bereichert und mir das Leben geöffnet, wo ich es nötig hatte.

Aber diese ursprüngliche Situation ist dann mehr und mehr zum Stil unserer Beziehung geworden. Du brauchtest immer wieder Hilfe, und ich habe sie Dir gegeben. Du hast geklagt, und ich habe Dich angehört. Du warst untröstlich, und ich habe versucht, Dich zu trösten. Wir haben dies mehr und mehr als unsere Rollen gesehen. Wenn es Dir schlecht auf der Arbeit ging, wenn ein Freund Dich verlassen hat, wenn Du wieder einmal Krach mit Deinen Eltern hattest, wenn Dir das Geld vor Monatsende ausgegangen war, wenn Du Gott nicht mehr verstandest, wenn Du melancholisch wurdest wegen der Lage der ganzen Welt, dann war ich zur Stelle mit meinen Ratschlägen, dann war ich da als Hörerin mit viel Geduld, dann habe ich Dir Geld geliehen, dann habe ich Dich verstanden, mit Dir geweint, Dich aufgerichtet, Dir Mut gemacht.

In letzter Zeit merke ich, daß ich Dir damit nicht nur geholfen habe. Indem ich immer zur Stelle war, habe ich Dich manchmal unfähiger gemacht, mit dem Leben fertig zu werden. Ich habe Dich von mir abhängig gemacht, und so hast Du Deine eigene Stärke nicht so entdecken und entwickeln können, wie es gut gewesen wäre. Weil Du erlebt hast, wie ich zuhöre, wenn Du klagst, ist das Klagen zu Deinem Lebensstil geworden. Durch meine Reaktion war es Dir möglich, die Verantwortung für Dein Leben von Dir abzuwälzen.

Ich habe gedacht, daß ich Dir damit einen guten Dienst tue. Ich erlebte mich einfühlsam, sorgetragend, wohlwollend. Das war ich sicherlich auch. Aber jetzt verstehe ich auch, daß dabei auch noch etwas ganz anderes ablief. Ich brauchte es, benötigt zu werden. Ich hatte das Bedürfnis, gebraucht zu werden. Ich wünschte mir das gute Gefühl, Dir helfen zu können. Ich bekam meine Wichtigkeit und meinen Wert durch mein Mitleid mit Dir.

So wie es jetzt steht, wird es immer nötig sein, daß Du ein Problem hast, damit wir eine Beziehung zueinander haben können. Es gibt zwar solche Beziehungen, und es mag schwer sein für manche Menschen, über diese Art des Umgangs miteinander hinauszugelangen, aber ich möchte mit Dir anders zusammen sein. Mir wird es nicht leichtfallen und Dir sicherlich auch nicht, weil wir uns so eingespielt haben, aber ich möchte es gern versuchen.

Ich will Dich aber in Zukunft mehr und mehr als Gegenüber sehen und glaube, daß Du Dein eigenes Leben meistern kannst und Deine ganz eigenen Antworten finden wirst. Und trotzdem würde ich gerne weiter mit Dir die vielen Fragen des Lebens besprechen. Ich wünsche, daß Du das, was Du in mir suchst, in Dir selbst findest. Darum werde ich mich in Zukunft zu gegebenen Zeiten zurückziehen. Weil ich Dich mag, werde ich so handeln.

Ich werde nicht mehr für Dich da sein, wenn Du nur klagen, aber im Grunde nichts verändern willst. Und ich werde da sein für Dich, wenn Du die Umstände und Dich selbst tatsächlich verändern willst. Ich will nicht nur in den Problemen steckenbleiben und über sie klagen, sondern ich will meine Phantasie einsetzen, um die Schwierigkeiten zu bewältigen. Ich habe eine Sicht von Dir, in der Du stärker bist als jetzt, in der Du den Herausforderungen mutiger entgegengehst, in der Deine Lebensfähigkeit gewachsen ist und Du selbständig die großen und kleinen Schwierigkeiten meisterst. Zu der Sicht gehört auch, daß Menschen zu *Dir* kommen, weil sie *Deine* tiefe Stärke sehen und sich von *Dir* Hilfe zu ihrer Lebensmeisterung erhoffen.

Du hast viel erlebt und kannst darum auch viel weitergeben, wenn Du es Dir zutraust. Ich traue es Dir zu und sehe Deine Entfaltung.

Carla

Ich glaube anders

Dies ist eine Zeit ungeheurer Veränderungen. Die Schnellebigkeit unserer Zeit kann uns den Atem verschlagen. Alles scheint im Fluß zu sein. Diese Veränderungen geschehen bei manchen Menschen auch im Bereich ihres ganz persönlichen Glaubens. Sie merken, daß sie etwas nicht mehr so glauben können, wie sie es gelehrt worden sind. Etwas in ihnen weigert sich. Sie beginnen sich umzusehen nach einem Glauben und einer Art zu leben, die Ihnen entspricht, die sie mit ganzem Herzen leben können. Oft finden sie dann bei Ihren Freunden und Bekannten, die sich nicht oder nur wenig verändert haben, wenig Verständnis. Auch die Geistlichen, die sich oft einem System, einer Organisation und Hierarchie verpflichtet fühlen, teilen oft den Weg eines sich so veränderten Menschen nicht. Da gibt es dann schmerzhafte Loslösungsprozesse, Mißverständnisse, Anklagen, Streit, Trennung. Veränderung ist besonders eine Bedrohung für den, der der Veränderung des anderen nicht mehr folgen kann oder will. Veränderung stellt das Gewesene in Frage.

Es ist schade, wenn gerade in diesem Bereich dann mit massiven Vorwürfen gearbeitet wird und wenn dem sich Verändernden Unernsthaftigkeit unterstellt wird und man ihm nicht zugesteht, daß seine Entwicklung in eine andere Art zu leben führen kann.

Auch da könnte ein klares Formulieren dieser Veränderungen, soweit das möglich ist, vielleicht helfen. Es verhindert die Vereinfachung, die so oft in diesem

Bereich geschieht, die uns dann erlaubt, mit simplen Allgemeinplätzen zu operieren. »Ach, der ist abgefallen« oder: »Der glaubt nicht mehr richtig«, sagt man dann. »Der ist nicht gläubig in unserem Sinne.« Aber was heißt das? Sind nicht die großen und wichtigen Veränderungen in der Kirchengeschichte fast immer durch solche Menschen gekommen, die nicht mehr gläubig im üblichen Sinne waren? Einen Brief an die zu schreiben, die da nicht mehr mitgehen können oder wollen, könnte helfen, sie nicht zu verlieren oder die Trennung klar und deutlich zu machen.

Lieber Herr Pfarrer,

ich weiß nicht, ob Sie es bemerkt haben, aber ich bin nun schon länger nicht mehr in Ihren Gottesdiensten gewesen. Ich habe mich zurückgezogen und will nun nicht einfach so verschwinden. Es ist mein Wunsch, Ihnen zu schreiben, warum ich mich zurückgezogen habe und wie dies ein Ausdruck meiner Entwicklung ist.

Seitdem der Gedanke, Ihnen zu schreiben, zuerst in mir auftauchte, habe ich besonders viel darüber nachgedacht, was es denn eigentlich ist, was mich jetzt wegbleiben läßt, und wie ich das ausdrücken kann. Zunächst fand ich nicht die richtigen Worte, aber in den letzten Wochen hat sich etwas in mir herauskristallisiert, das ich ihnen heute schreiben will.

Das Wichtigste für mich ist wahrscheinlich mein ungeheuer starker Wunsch, meinen Glauben ganz persönlich zu gestalten. Ich habe seit langem den Druck von außen gespürt, gewisse Dinge auf eine gewisse Weise glauben zu müssen. So manches davon ist ja in unserem Glaubensbekenntnis und anderswo in unserer Kirche formuliert, während anderes ungeschrieben, aber trotzdem nicht weniger fest und zwingend »einfach dazugehört«, wie es dann manchmal gesagt wird. Ich spüre nun schon seit geraumer Zeit, daß ich all das untersuchen möchte, weil ich immer mehr merke, wie so vieles davon aus einer Angst geboren zu sein scheint und daß diese Angst durch eine gewisse Art zu glauben erhalten wird. Ich möchte aus dieser Angst heraustreten und eine Beziehung zu Gott finden, die in keiner Weise mehr von Angst bestimmt ist. Wo ich das auch nur andeutungsweise in der Gemeinde geäußert habe, hat man mir deutlich zu verstehen gegeben, daß es nicht geht, daß sich jeder einen eigenen Glauben zimmere. Sie selbst betonen in Ihren Predigten immer wieder den Glaubensgehorsam und scheinen damit zu meinen, daß man das glauben solle, was die Kirche entschieden hat. Dazu bin ich nicht mehr bereit.

Sicherlich hat diese Entwicklung mit einer zunehmenden Selbständigkeit in meinem Leben zu tun. Ich bin nun fast 40 Jahre alt und merke, daß es höchste Zeit ist, meinen ganz eigenen Weg zu finden. Ich will mich nicht mehr daran festhalten, was andere vor mir gedacht und geglaubt haben. Auch merke ich, daß es für mich wichtig ist, einen Glauben zu finden, der sich ganz aktiv mit der Welt, in der ich lebe, auseinandersetzt. Die Weltfremdheit des Glaubens, die ich auch häufig in Ihren Predigten spüre, ist für mich ein Verrat an dieser Welt. Damit will ich Ihnen nicht vorschreiben, was Sie zu predigen haben, aber ich nehme mir jetzt die Freiheit, Ihnen nicht mehr zuhören zu wollen.

Wichtig ist mir bei meiner Entwicklung auch, daß der Mensch immer wichtiger ist als das Dogma. Ich habe das schon lange gesagt, ahnte aber immer nur, was das bedeutete. Nun bin ich dabei, es zu verstehen. Ich habe auch schon Predigten über das Jesuswort, daß der Sabbat für den Menschen gemacht sei, gehört. Aber wenn es wirklich darauf ankommt, ist für die meisten doch die Lehre wichtiger als das Leben. Sagt uns die Kirche nicht immer wieder, daß wir uns selbst und unseren Erfahrungen und Erlebnissen nicht trauen dürfen? Meinen wir nicht immer wieder, außerhalb von uns selbst beginnen zu müssen, wenn wir uns ein Gottesbild machen, anstatt in uns zu gehen? Ist nicht Richtigkeit letztlich wichtiger als Lebendigkeit? Ich habe noch nie von einer Exkommunikation oder einem Ausschluß aus der Kirche gehört, die wegen Unlebendigkeit erfolgt wäre, wohl aber schon oft von einem Ausschluß wegen einer »falschen Lehre« oder wegen eines »Ungehorsams der Kirchenleitung gegenüber«. Ich habe das meistens als ein Opfern des einzelnen für die Gruppe erlebt. Die ungewöhnliche Meinung eines einzelnen wird als »falsch« deklariert, und damit wird anderen, die vielleicht auch eine eigene Meinung, eine eigene Frömmigkeit entwickeln, deutlich gemacht: So dürft ihr nicht glauben. Und die Kirche als Organisation ist wieder gerettet. Daran möchte ich mich nicht mehr beteiligen.

Sie haben mir mal nach einer langen Diskussion, die bis in die späte Nacht ging, gesagt, daß ich doch nicht alles so kompliziert machen solle. Ich habe Ihnen damals geantwortet, daß ich die Welt als so kompliziert erlebe. Diese Erfahrungsweise hat seit der Diskussion noch zugenommen. Ich kenne kein zwischenmenschliches Problem, sei es klein und zwischen einzelnen oder groß und global, das leicht zu lösen wäre. Ich sehe, wie schwierig die Umweltfragen und die Friedensfragen sind. Ich sehe die Verbindungen, die zwischen allem, was existiert, bestehen. Ich mache nichts kompliziert, es ist kompliziert. In unserer Gemeinde aber tun wir oft so, als wäre alles so einfach. Wir brauchen nur zu beten, und alles wird gehen. Das kann und will ich nicht mehr. Ich bin verantwortlich mit allem, was ich besitze, meinen Beitrag in der Welt zu leisten, nicht nur aus dem Abstand zu beten. Ich sage nichts gegen das Beten, wohl aber gegen das sich künstliche Abtrennen von der Welt.

Ich habe mich auch schon oft als eine Art Störenfried innerhalb der Kirche gesehen und meistens nur ungern diese Rolle gespielt. Meine Fragen sind unangenehm gewesen, und ab und zu hat mir auch schon jemand empfohlen, doch zu gehen, wenn ich nicht damit zufrieden sei, wie es ist. Zuerst habe ich mich dagegen gewehrt, weil diese Kirche meine geistliche Heimat ist. Aber ich habe mich auch gefragt, wer mir dieses Recht gibt, alles zu hinterfragen und anderen vielleicht ihren Glauben zu erschüttern, besonders, wenn sie es überhaupt nicht wollen.

Ich ziehe mich darum zurück und respektiere damit die Gemeinde und Sie. Sie haben sich für eine gewisse Art von Frömmigkeit entschieden, eine Frömmigkeit, aus der ich immer mehr auswandere. Ich würde mit meiner Art immer wieder Unfrieden bringen – nicht, weil ich es so will, aber ganz zwangsläufig, weil ich manches anders sehe und auch sagen würde und Sie und die meisten in der Gemeinde damit in Unruhe stürzen würde. Ich glaube, daß nichts dadurch gewonnen ist, daß wir uns gegenseitig aufreiben. Auch habe ich nicht das Empfinden, daß mein Korrektiv in der Gemeinde gewünscht ist.

Urs Ratiger

Ent-Scheidung in der Ehe

Es gibt ungeheuer heikle Momente in jeder lebendigen Freundschaft. Was machen wir, wenn wir sehen, daß ein Freund sich, nach unserer Meinung, mit einer gewissen Handlung sein Leben ruiniert? Warnen wir ihn oder respektieren wir seine Selbständigkeit und Freiheit, oder sind beide Handlungen zusammen möglich? Welche Form nimmt hier die Liebe an?

Ich glaube, daß da, wo wir uns in eine Freundschaft einlassen, wir in einer tiefen Weise füreinander verantwortlich sind: nicht für die Entscheidung des anderen, wohl aber verantwortlich, dem andern durch unsere Freundschaft die Alternative vor Augen zu stellen, die wir als lebensfördernd empfinden. Dies ist kein Bevormunden und Einmischen, es ist keine Überlegung von richtig und falsch, wohl aber ein Beitrag für den anderen, auf dessen Hintergrund er sich informierter entscheiden kann. Es ist ein Freundesdienst, der nicht entmündigt, sondern den Vorteil einer zusätzlichen Sicht bietet.

In einer Freundschaft bin ich am Leben eines anderen Menschen beteiligt. Ich bin nicht nur Zuschauer, sondern durch die Art unseres Umgangs miteinander haben wir einander gewisse Plätze in unserem Leben eingeräumt. Ich kann darum den anderen nicht in sein Elend (von meiner Sicht aus) gehen lassen, ohne ihn zu warnen. Ich schulde es mir selbst, dieses wenigstens zu versuchen. Wenn ich das nicht tue, werde ich mir selbst untreu. Es gehört zu der Verbindlichkeit unserer Freundschaft, einander zu spiegeln, was wir empfinden und denken. Die Entscheidung muß danach jeder selbst treffen. Diese Verantwortung können wir einander nicht abnehmen.

Lieber Reiner,

ich war erschrocken, als Du mir letzte Woche sagtest, daß Du Deine Ehe aufgeben und Deine Frau verlassen willst. Daß Ihr es oft nicht leicht miteinander hattet und habt, wußte ich, Du hast ja manchmal darüber gesprochen, und ich habe auch viel von der Spannung zwischen Euch gespürt. Aber ich wußte nicht, daß Du schon aufgegeben hattest.

Als Du es mir sagtest, konnte ich in dem Moment kaum reagieren. Inzwischen habe ich intensiv darüber nachgedacht und möchte Dir als Freund meine Ansicht sagen. Ich schreibe diesen Brief nicht, um Deine Ehe zu retten. Wahrscheinlich könnte ich es auch nicht, und es geht mir auch nicht darum, den Status quo aufrechtzuerhalten oder Dir zu sagen, was ich als das »moralisch Richtige« empfinde. Ich denke bei meinen Überlegungen an Dich, aber auch an Friederike und Eure Kinder.

Ich habe Deine Ehe als eine richtige Chance für Dein Leben gesehen. Ich hatte bei Dir früher öfter das Empfinden, daß es gut für Dich wäre, wenn Du mit jemand zusammen wärest, die Dir einen Konzentrationspunkt geben könnte, so daß Du in Deinem Freiheitsbestreben nicht ins Uferlose gerätst. Als Du dann Friederike geheiratet hast, merkte ich die Veränderung in Deinem Leben. Du warst glücklicher, weil Du konzentrierter lebtest. Ich weiß, daß Du schon damals manchmal das Gefühl hattest, gefangen zu sein, nur weil Du den Entschluß getroffen hattest, Dein Leben verbindlich mit einem Menschen zu teilen. Ich habe Dich aber nicht als gefangen erlebt, sondern als einen Menschen, der versucht, die Möglichkeiten in den Begrenzungen zu entdecken und auszuschöpfen. Ich glaube nicht, daß Du weniger frei warst, sondern Du hast Dir durch Deine Ehe eine Möglichkeit eröffnet, an die Dinge in Dir zu gelangen, die Du noch nicht in Deine Persönlichkeit integriert hattest. Du begannst Deine unbewußten Seiten zu entdecken und zu leben. Ich erlebte Dich zunehmend freier, weiter, echter und besonders integrierter.

Vor Deiner Ehe hast Du Dich besonders stark durch die Spiegelung anderer verstanden. Durch ihre Rückmeldungen wußtest Du, wer Du warst. Ihre Anerkennung war Dir sehr wichtig. Deine Tendenz, immer wieder ein anderer zu sein, Dich zu verändern, Dir etwas Neues auszudenken, eine Rolle in den Augen der anderen zu spielen, das alles gehörte zu Dir. Darum mußtest Du frei bleiben und hattest manchmal die Angst vor dem Gefangensein. Als Du dann Friederike kennengelernt hast, hast Du vieles von dem, was Du vor Deiner Ehe von anderen bekommen hast, dann von ihr erwartet und erhofft. Und sie hat Dir vieles gegeben. Ich weiß, wie tief sie Dich geschätzt hat und es auch noch heute tut.

Jetzt ist es Zeit, stärker in Dich zu gehen und Dich selbst zu hören und wahrzunehmen. Die Freiheit, die Du suchst, liegt nicht außerhalb von Dir, sondern in

Dir. Die Gefangenschaft, die Du spürst, wirst Du mitnehmen, ganz gleich, wohin Du auch gehst, weil sie in Dir ist. Nur durch eine Neubesinnung auf Dich selbst wirst Du diese Krise überwinden, und ich meine damit nicht, daß Du um jeden Preis in Deiner Ehe bleiben solltest. Ich glaube, daß es um noch mehr als Deine Ehe geht. Es geht um den Mut zu einem neuen Lebensansatz. Entweder Du wirst Dich endlos wiederholen, dabei verbittern und Deine Gefangenschaft (nicht nur in Deiner Ehe, sondern auch sonst im Leben) immer stärker fühlen, oder Du wirst einen neuen Zugang zu Dir selbst finden und neue Inhalte in Deinem Leben entdecken und entwickeln. Ich glaube nicht, daß es eine Lösung ist, aus Deiner Ehe zu gehen. Es gibt auch ein Gefangensein im Alleinsein.

Ich meine, daß fast jeder von uns, der in dieser westlichen Gesellschaft aufwächst, meint, daß die Ehe anders sein sollte, als wir sie erleben: Wir sind alle mit einer Illusion groß geworden. Wir verstehen unter Liebe immer noch etwas, das in erster Linie romantisch ist. Wir bewegen in uns Bilder, die mit Weichzeichner gemacht sind. Wir haben Glücksvorstellungen, die vor Harmonie triefen und in denen wenig Platz für Herausforderung ist. Gegen diese Vorstellungen kann die Wirklichkeit nur abfallen und unangenehm wirken. Dann wollen wir die Wirklichkeit nicht ansehen, sondern wünschen weiter die Illusion und tun alles, um sie wiederherzustellen.

Aber ich will Dich nicht anpredigen. Warum willst Du gehen? Ist es wirklich so unerträglich? Hast Du keine Freiheit? Ist Friederike wirklich so unausstehlich? Ich erlebe sie manchmal als herb, aber ich denke, das ist genau das, was Euch zu einem reifen Paar gemacht hat. Du hast durch sie Einsichten ins Leben gewonnen, die Dich bereichert haben. Ihr habt einander geformt. Ich hoffe sehr, daß Du jetzt nicht aufgibst, sondern entdeckst, was noch möglich ist.

Du hast letzte Woche so ganz nebenbei gesagt (aber ich merkte, wie wichtig es Dir war), daß ihr Euch nicht mehr liebt. Rainer, was heißt das? Steht hinter dem Gebrauch des Wortes in diesem Zusammenhang nicht auch wieder ein gewisses enges Verständnis von Liebe? Ich erlebe viele Deiner Handlungen als Handlungen der Liebe zu Friederike. Bei vielen unserer Gespräche habe ich erlebt, wie Du auf sie reflektiert hast, das ist eine Form der Liebe. Wenn Du ihr entschieden entgegentrittst mit Deiner anderen Meinung, ist es eine Form von Liebe. Wenn wir fotografieren fahren und Du Dich von unterwegs meldest, ist das eine Tat der Liebe. Wenn Du ihr etwas aussuchst zum Mitbringen, spüre ich darin Deine Liebe. Du sagst mir, daß Du sie anhörst, wenn ihr Euch zankt, auch das ist Liebe. Wenn Du Dein Gehalt mit ihr teilst, ist das eine Tat der Liebe. An kaum einer Stelle Eurer Beziehung spüre ich, daß sie Dir egal ist, auch das ist ein Ausdruck von Liebe: Du bist involviert.

Du sagst jetzt vielleicht, daß Du dies nur tust, weil es sich so gehört oder weil es sich so eingelaufen hat bei Euch, daß Du sie aber nicht mehr liebst. Da bin ich mir nicht so sicher. Auch wie wir unsere eigene Liebe verstehen, ist von der romantisierten Vorstellung betroffen. Auch da können wir unseren Gefühlen kaum trauen, weil sie unsere Liebe nach einem manchmal fast kitschigen Standard messen.

Ich weiß, daß ich Dir damit nichts Neues sage. Wir haben darüber schon vor Jahren nachgedacht und gesprochen, aber wir haben es in dieser Härte nicht gewußt und schon gar nicht gelebt. Daß es so hart sein würde, das ist das Neue. Wir sind jetzt an der Stelle in unserem Leben, wo es von uns gelebt werden muß, und das ist schmerzhaft. Wir müssen lernen, daß es auch dann noch geht, wenn gar nichts mehr geht! Es geht jetzt wirklich ans Blut. An unsere Kraftreserven, an den Stolz, an alles Gewöhnte, in dem wir uns so wohl fühlen. Alles Vorherige, unsere Unterschiedlichkeit in der Ehe zum Beispiel, hat uns bereichert, und manchmal haben wir auch daran gelitten. Aber der eigentliche Preis ist erst jetzt zu zahlen.

Was Du erlebst, ist das schmerzhafte Erwachsenwerden, in dem ein jeder letztlich auf sich selbst gestellt ist. So eng wir auch zusammenleben und zusammenstehen mögen, wir sind allein. Am zugespitztesten ist das für mich immer in dem Gedanken, daß ich einmal allein sterben werde. Auch wenn meine Frau, meine Kinder, meine Freunde um mich stehen werden, meine Hand halten, mir gute Dinge sagen, werde ich doch diesen Weg in das Unbekannte ganz allein antreten. Selbst wenn noch jemand zur selben Zeit mit mir sterben sollte, so sterbe ich doch meinen ganz eigenen Tod. Ich habe mir vor Jahren zwei Sätze des 82jährigen C. G. Jung notiert und denke ab und zu an sie: »Nur der Mensch, der wirklich und ohne Bitterkeit imstande ist, allein zu sein, zieht andere Menschen an. Er braucht sie dann gar nicht zu suchen, sie kommen von ganz allein, und zwar diejenigen, die er auch selbst braucht.« Aber wer kann das schon? Und doch möchte ich es lernen. Ich vermute nämlich in der Fähigkeit, so allein zu leben, ein Stück des Geheimnisses, wirklich reich in Beziehung leben zu können. Wenn ich meinen Partner nicht mehr brauche, weil ich wirklich selbständig bin und mein Leben auch ohne ihn/sie erfüllt und schön ist, dann kann ich mich dem anderen ganz anders zuwenden. Ich kann dann in einer neuen Art lieben, nicht mehr, weil ich den anderen für irgend etwas brauche, sondern weil ich mit ihm/ihr sein *will*. Wenn wir diesen Punkt erreichen, dann muß der andere nicht mehr meine Erwartungen erfüllen, und ich werde nicht mehr so tief enttäuscht sein, daß ich kaum leben kann.

Ich meine, daß ich vor einiger Zeit einen ähnlichen Punkt in meiner Ehe erreicht hatte wie Du jetzt in Deiner. Mit viel Schmerzen habe ich begriffen, daß *nur ich* total in mein Leben verwickelt bin. Niemand identifiziert sich so mit mir, wie ich es tue. Und ich werde nie so in das Leben eines anderen Menschen verwickelt sein, wie dieser Mensch in sein Leben verwickelt ist. Ich muß darum meine Annahme, daß mein Partner mein Leben lebt, loslassen. Wir leben jeder unser eigenes Leben. Wir begegnen uns, wir tauschen uns aus, wir machen manches gemeinsam, aber am Ende lebe *nur ich* in meinem Körper. Nur *ich* sehe die Welt durch meine Augen, *ich* spreche meine Worte, *ich* leide unter den Mißständen meines Lebens, *ich* verstehe die Welt nicht mehr, *ich* mühe mich. Der Partner tut es auch, aber in seinem Leben und auf seine Weise. Und das ist gut so, es muß so sein. Nur in dieser Getrenntheit können wir als einzelne erwachsen werden und reifen.

Ich bin dann noch rabiater geworden und habe mir gesagt: Was, wenn wir in der Ehe zunächst nur die äußeren Dinge teilen, ist das nicht auch schon etwas? Wir wohnen in einer Wohnung gemeinsam, wir erziehen unsere Kinder, wir gehen zusammen einkaufen, wir machen den Garten, wir halbieren die Arbeit, wir teilen das Gehalt, wir fahren in Urlaub zusammen (zunächst sogar einmal ohne eine innere Beziehung gedacht), wäre das nicht auch schon etwas Schönes? Wäre das nicht eine Art teilen, die viele Menschen auf der Welt nicht haben, zu deren innerer Einsamkeit auch noch die äußere dazukommt? Aber um das denken zu können, mußte ich meine Illusionen loslassen. Ich konnte es mir nicht mehr erlauben, in romantischen Vorstellungen zu leben, wie ich sie im Fernsehen, in der Werbung, in Filmen und im Verhalten meiner Mitmenschen sah. Ich mußte begreifen, daß diese »verzauberte Welt« nicht mehr direkt auf meine Ehe zu übertragen war. Nach 15 Jahren Ehe würde ich nicht mehr mit meiner Frau so im Park sitzen wie heute die 18jährigen. Nach 20 Jahren Ehe könnte ich nicht mehr so tun, als würde ich die Tricks meiner Frau und sie meine Tricks nicht kennen. Die Uhr ist nicht zurückzudrehen, aber vielleicht ist etwas ähnlich Schönes doch zu erleben.

Für viele ist das undenkbar, sich mit dem Äußeren zufriedenzugeben. Ihnen ist es zuwenig, und sie hätten das Gefühl, sich zu kompromittieren, wenn sie weiter so mit jemand eng zusammenleben würden, weil sie von einem anderen Bild von Liebe ausgehen. Für sie ist Liebe Leidenschaft. Und wo keine Leidenschaft ist, ist auch keine Liebe. Oder die Liebe ist intensives Gefühl für sie, und wo dieses Gefühl nicht mehr da ist, da ist für sie die Liebe nicht mehr da. Und wo diese Form der Liebe nicht ist, da wollen sie nicht in enger Beziehung leben. Aber bisher habe ich viele dieser Menschen in ihren Beziehungen scheitern sehen, wenigstens das, was ich scheitern nenne, weil sie aufgrund ihrer Definition und ihres Bildes von Liebe nicht fähig waren, kontinuierlich mit jemandem zu leben. Weil sie ihr Bild nicht loslassen konnten, sind sie irgendwann auseinandergegangen. Oder sie sind verbittert und gehässig zusammengeblieben, weil sie ihr Bild nicht losgelassen haben und dann einander Vorwürfe gemacht und die Schuld gegeben haben, daß mit dem anderen die Illusion nicht zu erreichen sei. Ich gehe davon aus, daß das Gefühl irgendwann einmal aus jeder Beziehung verschwindet, vielleicht nicht für immer, aber doch für lange Strecken. Das ist für mich noch kein Grund zur Trennung. Ich glaube sogar, daß wir unser Gefühl verlieren, *damit* wir uns nach einer anderen Grundlage umsehen. Indem wir weniger fühlen, ermutigen wir uns sozusagen selbst, eine andere Basis für unser Miteinander zu finden.

Meine Entdeckung ist nun, so wie ich die Illusion loslasse, werden Teile von ihr Wirklichkeit. Wenn ich nicht mehr das Außergewöhnliche und wunderbar Romantische will, dann wird das, was ich übersehen habe, wunderbar. Wenn ich nicht mehr in der Illusion leben will, dann lerne ich das besser sehen, was ist. Die Kleinigkeiten meines Lebens werden zu glücklichen Momenten, die ich früher nicht wahrgenommen habe. Wenn ich mein Harmoniebedürfnis nicht mehr als mein Recht beim anderen einklage, erlebe ich harmonische Momente, wo ich sie am wenigsten erwartet habe. So entdecke ich neben der Illusion eine Wirklichkeit, die schön ist, vielleicht manchmal sogar schöner als die Illusion, weil ich keine Angst zu haben brauche, daß sie sich plötzlich auflöst und als Illusion entpuppt.

Ich weiß, daß Du manchmal eine ohnmächtige Wut fühlst und eine tiefe Abneigung gegen Friederike, vielleicht sogar Haß. Was ist damit zu machen? Könnte es sein, daß diese Wut und dieser Haß daher kommen, daß sie Dich mit ihrer ganzen Art immer wieder auf Dich selbst verweist? Daß Friederike Dich gewissermaßen im Stich läßt, indem sie Dir Deine Wünsche nicht erfüllt, nicht da ist, wenn Du meinst sie zu brauchen. Sie fordert Dich bewußt oder unbewußt heraus, ein eigener Mensch zu werden. Du wehrst Dich dagegen, weil Du damit Deine sämtlichen Träume (auch die unbewußten) von Symbiose, von Harmonie und Glück loslassen mußt, dies aber nicht willst. Ich sage nicht, daß es so ist, aber könnte es nicht so sein? Woher kommt sonst die Wut, daß Friederike nicht mitspielt bei Deinem so ernsten Spiel? Du aber willst, daß sie *Dein* Spiel spielt. Kann es sein, daß Du sie bestimmen willst, damit Du Dich nicht mit Dir selbst befassen mußt? Du willst sie zwingen und sie Dich, mit harten oder sanften Methoden, direkt oder durch die Blume. Vielleicht stecken auch dahinter zwanghafte Vorstellungen von Liebe: So und so muß sich die Liebe äußern, alles andere ist keine Liebe!

Vielleicht fliehst Du vor Dir selbst, wenn Du jetzt gehst, weil Du Angst hast, Dir zu begegnen. Weil Du nicht weißt, wie Du aussehen wirst, ohne die üblichen Spiegelungen von anderen, auch die von Friederike. Ich weiß nicht, was noch alles in Deiner Situation mitspielt, aber ich vermute, daß es ganz viel mit dieser Selbstbegegnung zu tun hat. Kannst Du in diesem Engpaß auch Deine Chance sehen? Merkst Du nicht auch, daß Du eigentlich bleiben willst, daß Du all das, was Du gesät hast, jetzt auch ernten willst? Kannst Du Dir vorstellen, das zu leben, was Du wünschst, aber dabei nicht zu gehen, sondern zu bleiben und damit Friederike auch herauszufordern?

Ab und zu höre ich mal von einem Ehepaar, die nach ihrer Scheidung zu guten Freunden werden. Könnten wir das nicht vorher schaffen: geschieden leben in der Ehe, geschieden in dem Sinne, daß ich den anderen nicht mit Erwartungen und Forderungen überhäufe, ihn also freilasse? Vielleicht ist die Ehe eine Reihe von Scheidungen, die wir vollziehen müssen, wenn wir als einzelne und auch als Paar wachsen wollen. Und vielleicht ist die Grundlage für dieses Wachstum die Fähigkeit zu ent-scheiden, wie ich leben will. In der Entscheidung scheide ich auch. Ich trenne mich von dem Willen des anderen für mich.

Bei unserem Gespräch letzte Woche sagtest Du unter anderem: »Ich will nicht mehr für mich entscheiden lassen, auch nicht von Friederike, ganz besonders nicht von Friederike.« Erst später fiel mir ein Gespräch mit Friederike ein, das vielleicht sechs Monate zurückliegt, in dem sie mir sagte: »Ich will nicht mehr für Rainer mitsuchen und entscheiden.« Sie sagte das auf dem Hintergrund des Gefühls, daß Du Dich oft bei ihr anhängst. Merkst Du, wie ähnlich es ist, was ihr wollt? Vielleicht geht es jetzt für Euch beide wirklich nur darum, das zu leben, was ihr begriffen habt.

Ich habe manches hier und da vielleicht sehr eindringlich gesagt. Es hat damit zu tun, daß mir diese Fragen alle sehr wichtig sind und nicht nur für Dich, sondern genauso für mich. Daß ich mich so engagiere, hängt auch damit zusammen, daß *ich* immer wieder eine Vorstellung brauche, wie ich weiter in meiner Ehe leben will.

Ich brauche Dir nicht ausführlich zu schreiben, daß alles, was ich hier aufgezeichnet habe, natürlich sehr gefärbt ist von meiner Ehe, von meinem Charakter und meinem Lebensansatz. Aber Du kennst mich ja gut genug, um das wegzustreichen, was mein ganz spezifischer Ausdruck ist und was darum vielleicht für Dich nicht so zutrifft.

Heinz

Spiegele mir, wer ich bin

Es gibt Zeiten, wo wir das Empfinden haben, nichts mehr richtig zu verstehen. Alles scheint gegen uns zu gehen. Überall schließen sich Türen, es geht nicht weiter. Auch wir selbst verstehen uns nicht. Vielleicht spüren wir, daß es an uns liegt, daß wir nicht zu einem erfüllten Leben finden, aber wir können nicht feststellen, wo wir uns selbst die Wege verbauen. Wir sind gefangen in unserem begrenzten Selbstverständnis und können uns nicht von außen betrachten.

Die große Gefahr ist, das eigene Blindsein für sich selbst nicht ernstzunehmen und so zu tun, als wäre alles in Ordnung.

Lieber Markus,

ich komme heute mit einer besonderen Bitte zu Dir. Ich wünsche mir von Dir, daß Du mir spiegelst, wie Du micht erlebst. Ich traue Dir und hoffe, daß ich mich selbst besser verstehen lerne durch das, was Du mir sagst.

Ich bin in meinem Leben in den letzten Monaten überall in Sackgassen geraten und finde mich nicht mehr zurecht. Ich ecke an und weiß nicht warum. Manche Menschen finden es schwer, mit mir zu sein, auch wenn ich meine, freundlich und offen zu sein. Neulich habe ich auf Umwegen gehört, wie mich jemand beschreibt, und habe mich kaum wiedererkannt – ich erlebe mich so anders, als die Menschen mich erleben, mit denen ich zu tun habe. Ich habe wieder einen Menschen verloren, dem ich nahestand, und verstehe nicht, wie unsere Beziehung so zerbrechen konnte. Es kann auch sein, daß ich meine Arbeit wieder verliere. Mein Chef hat schon so etwas angedeutet.

Ich merke in mir, wie sich manche Einstellungen verfestigen, und bekomme ein Stück Angst vor mir selbst. Manchmal habe ich Vorstellungen, daß ich im Alter einmal unausstehlich sein könnte – Du weißt, so ein alter Mann, den jeder meidet. Könnte mir das passieren?

Bisher habe ich dieses Hinterfragen nicht für wichtig gehalten. Ich dachte immer, ich sei okay und würde es alleine schaffen. Aber jetzt merke ich, daß ich wirklich Hilfe brauche, wenn ich nicht steckenbleiben will.

Zunächst habe ich auf diese verschiedenen Pleiten in der üblichen Weise reagiert. Ich habe mir gesagt, daß das nur Zufall sei. Es wird schon wieder vorbeigehen. Manchmal häufen sich ja die negativen Geschehnisse, und man kann nichts dagegen tun. Aber damit konnte ich nur manches erklären, anderes blieb mir unverständlich.

Dann habe ich den anderen die Schuld gegeben. Sie verstehen mich nicht, sind dumm, wollen mir nicht helfen, sind unempfindsam. Ich fühlte mich als Opfer, ich tat mir leid. Aber ich merke, wie ich mir diese Erklärung nicht wirklich glaube. Es ist der einfachste Weg, mich nicht selbst ansehen zu müssen. Viele wählen ihn und kommen dabei doch nicht weiter.

Dann bin ich in mich gegangen. Ich habe mich konsequenter als je in meinem Leben gefragt, was will ich eigentlich, was ist mir wichtig, wie wirke ich auf andere? Ich habe versucht, nach innen zu horchen. Und doch hatte ich bei allem, was ich da entdeckte, das Empfinden, daß es nicht ausreichen wird. Ich brauche einen Spiegel, in dem ich mich sehen kann. Etwas außerhalb von mir.

Als meine letzte Hoffnung habe ich Gott um Hilfe gebeten. Ich habe ihn angefleht, mir zu zeigen, wo ich immer wieder Fehler mache. Aber ich habe bisher auch dadurch nicht klarer gesehen.

Verstehst Du darum, wie nötig ich Dich brauche? Ich will weiterkommen und nicht verknöchern. Ich merke, daß ich mich selbst nicht gut genug verstehe und manche Fehler wiederhole, weil ich nicht weiß, woher sie in meiner Persönlichkeit kommen. Ich will Dir auch keine Grenzen setzen, was Du sagen darfst und was nicht. Es würde mir nichts helfen, wenn Du mir das Wichtigste nicht sagst, nur weil es zu schmerzhaft für mich ist. Es darf auch ruhig peinlich sein. Ich gehe ohne Bedingungen an diese Sache heran und hoffe sehr, daß Du mitmachst.

Wenn Du Dich darauf einläßt, mich zu spiegeln, dann bitte ich Dich um Geduld, wenn ich manches nicht gleich einsehe und mich vielleicht dagegen wehre. Ich habe Angst vor dem, was ich zu sehen bekommen werde, aber ich bin entschieden. So wie ich jetzt lebe, möchte ich nicht weiterleben.

Mit herzlichen Grüßen,
Steffen

Ich nehme meine Entwicklung ernst

Entwicklung und Entfaltung sind synonym mit Leben, mit der Ausbreitung von Leben. Alles wirkliche Leben wächst. Wachstum ist meistens mit Schmerzen verbunden.

Für viele bilden sich in der Jugend Freundschaften, die oft lange Jahre anhalten. Gemeinsam erlebt man die Vorbereitung auf das Leben: die Ausbildung zu einem Beruf, die Zeit fester Beziehungen und oft die Ehe, Kinder, die Begleitung dieser Kinder, die Ehekrisen, später dann die Midlife-Krise und vieles mehr. Für viele sind diese Freundschaften von großer Wichtigkeit. Sie wachsen in ihnen und durch sie. Für andere bilden diese Freundschaften ein Gefängnis, dessen Mauern mit der Zeit immer dicker werden. Warum? Weil einzelne sich verändert haben und innerlich eigentlich nicht mehr gemeinsam mit diesen Freunden gehen.

Was ist da zu tun? »Man kann doch nicht alte Freunde ...!« Oft finden wir es schwer, uns äußerlich von alten Mustern zu lösen, auch wenn wir innerlich schon längst nicht mehr in diesen Mustern leben. Wir wissen, daß es uns von unseren Freunden schnell als Undankbarkeit und Überheblichkeit ausgelegt werden kann, wenn wir uns aus den Verbindungen lösen, in denen wir seit Jahren gestanden haben. »Du meinst wohl, daß Du besser bist ...!«

Und doch gibt es letztlich keine andere Wahl, als sich selbst in der eigenen Entwicklung ernst zu neh-

men und es die andern wissen zu lassen. Es taugt nicht, sich selbst zu verbiegen, nur um die andern mit dem eigenen Wachstum nicht herauszufordern. Vielleicht ist ja unter meinen alten Freunden auch jemand, der/die ein ähnliches Wachstum durchmacht, der/die froh ist, dieses auch zugeben zu können. Vielleicht ist dies der Beginn einer neuen Phase für uns alle. Wenn es das nicht ist, ist es trotzdem Zeit, aufzubrechen aus der vertrauten Vergangenheit, die veränderte Gegenwart anzunehmen und sie zu gestalten, auch wenn das heißt, dadurch ein einzelner zu sein.

Liebe Freunde,

ich hoffe, daß es Euch nicht stört, daß ich diesen Brief vervielfältige und an Euch alle schicke, aber er ist in gewisser Weise ein öffentlicher Brief.

Die meisten von uns kennen sich ja schon seit Jahren. Wir sind zusammen aufgewachsen und haben vieles gemeinsam erlebt. Wir haben einander vertraut und manche Höhen und Tiefen miteinander geteilt. Ich kann mir meine Vergangenheit gar nicht ohne die Freundschaften mit Euch vorstellen. Aber seit etwa zwei oder drei Jahren merke ich, daß ich mich zunehmend fremder mit Euch fühle. Es hat mit meiner Entwicklung zu tun. Ich hoffe, daß es mir gelingt, dies in meinem Brief so zu sagen, daß Ihr Euch weder gegen mich wehren noch mich anklagen müßt. Ich spreche nur von meiner Entwicklung.

Es begann damit, daß ich mich bei manchen Gesprächen einfach nicht mehr wohl fühlte. Ich fühlte mich als Außenseiter, auch bei den Themen, bei denen ich sonst mitgeredet hatte. Mehr und mehr begann ich nur zuzuschauen, während gesprochen wurde. Oft merkte ich dann auch Aggression: So wollte ich nicht mehr reden, es paßte nicht mehr zu dem, was ich in mir spürte und wie ich leben wollte. Ab und zu habe ich davon etwas angedeutet, aber ich bin damit nicht angekommen, weder im Gruppengespräch noch bei einzelnen. Wir hatten als Kreis halt unseren Stil, und ich merkte dann, daß ich mit meinen Gedanken manchmal störte. Die Rolle des Störenfrieds wollte ich aber nicht haben. So habe ich manchmal einfach geschwiegen.

Ich merkte auch, wenn wir als Gruppe oder Teilgruppe zusammen kamen, wurde eigentlich nur von der Vergangenheit geredet. Das habe ich früher auch gern gemacht, aber durch verschiedene Veränderungen in meinem Leben fühle ich mich von der Gegenwart und all dem, was in unserer Gesellschaft äußerlich und innerlich passiert, so herausgefordert, daß ich unzufrieden bin, nach rückwärts orientiert zu sein. Uns verbinden hauptsächlich die guten alten Zeiten. Ich möchte mich aber den neuen guten Zeiten widmen.

Auch wurde mir in den letzten Jahren manches unwichtig, was mir früher wichtig war. Wenn das für mich unwichtig Gewordene dann immer wieder das Gesprächsthema unter uns ist, spüre ich Langeweile. Ich möchte mich darum nicht mehr über etwas unterhalten, das für mich belanglos ist. Ich betone *für mich,* bitte hört es nicht als Anklage. Ich bin so voll mit Gedanken, die für mich lichterloh brennen, die mich anziehen und umtreiben, die ich mit jemandem besprechen möchte, daß ich ganz kribblig werde, wenn dies nicht geschieht. Ich brauche jetzt Menschen, mit denen ich mich über diese Dinge austauschen kann.

Ich bin nicht undankbar für das, was war. Ich erinnere mich noch sehr gern an das gemeinsam Erlebte. Es gehört zu dem Schönsten meines Lebens. Es war ganz wichtig für mich und hat mich durch manche schwere Zeit durchgetragen, aber ich merke jetzt, daß sich etwas anderes auftut für mich. Dem will ich nachgehen. Ich erlebe manche Wiederholungen in meinem Leben wie etwas Tötendes und möchte mich davor schützen. Ich muß aufpassen, daß ich mich nicht für das Neue blockiere, indem ich mich zu sehr auf das Alte konzentriere. Vielleicht geht es einigen von Euch ja auch so.

Ich werde mich darum mehr zurückziehen. Wenn Ihr mich noch einladen mögt, dann tut das doch bitte. Ich werde dann von Mal zu Mal entscheiden, ob ich komme. Ich will mich auch da weder in die eine noch in die andere Richtung unter Druck setzen. Wer sich für das interessiert, was ich hier nur ganz knapp angedeutet habe, kann gerne bei mir nachfragen. Es würde mir Spaß machen, mich mit einzelnen zum Gespräch zu treffen. Ich habe nichts zu verstecken.

Bitte versteht diesen Brief nicht als Vorwurf. Ich respektiere die Gegebenheiten unserer Gruppe, ihre Wünsche und Grenzen. Aber ich will auch meine Veränderungen ernst nehmen und nicht so tun, als hätten sie nicht stattgefunden. Je älter ich werde, desto wichtiger wird mir, daß ich mir treu bleibe. Nur so bin ich wirklich eins mit mir selbst, und das ist für mich wichtig, um erfüllt leben zu können.

Ingrid